RECOMENDACIONES

En su nueva obra, *El Puente,* Xavier nos guía a través de los procesos críticos y necesarios para cruzar el puente hacia nuestros sueños, nuestras metas, y nuestros mayores anhelos. *El Puente* no puede cruzarse sin una guerra y estas páginas nos dan la estrategia para ganar esa guerra.

¡Que tengas el valor de cruzar *El Puente* para que puedas tener la virtud de vivir una gran vida!

Erwin Raphael McManus
Mosaic Los Ángeles, California
Autor de éxitos de venta de
La última flecha y *El camino del guerrero*

Prácticamente todos los fracasos en la vida son el resultado de falta de preparación. Pero mi amigo Xavier ha dibujado los planos para llevarte honestamente, de tan solo desear algo hacia lograrlo. Este libro es una respuesta a tu oración.

Dr. Dale C. Bronner
Fundador/Pastor principal
Word of Faith Family Worship Cathedral
Austell, Georgia

Todos los días tenemos una guerra para luchar. Todos los días estamos luchando contra algo, sea contra nosotros mismos o contra las cosas exteriores. Xavier Cornejo es un estratega de liderazgo, un estratega de vida y nos va a enseñar en este libro a cómo crear las estrategias, a quién escuchar para tener las mejores estrategias y, principalmente, a cómo ejecutar las estrategias que nos van a hacer vencer las guerras de la vida, sean emocionales, financieras, familiares, o empresariales. Gracias, Xavier, por este libro tan importante para este tiempo.

Tiago Brunet
Motivador internacional
Autor de éxitos de venta
Brasil

La vida misma es un puente. Comenzamos en un lado y terminamos en otro lado; no siempre en el deseado. Y es que, si uno los transita sin una estrategia, difícilmente cruzarás los puentes de la vida haciendo las conexiones correctas. Este libro te ayudará a elegir con sabiduría el ejército que te acompañará en cada guerra que enfrentarás para así tus sueños lograr.

Las batallas no llegan para acabar con nosotros. Llegan para extraer al guerrero que llevamos dentro. Gracias,

Xavier, por tan valiosas herramientas plasmadas en letras.

KARLA PINEDA
Conductora de TV

¡Sensacional! *El Puente* es un libro que no solo te anima a soñar con nuevos futuros, pero también te enseña a crear, en tu día a día, un ambiente de estrategias para cumplir tus sueños. Estoy convencido de que este libro te dará las herramientas para no solo llegar a la cima, sino vivir en la cima.

EMERSON NOWOTNY
Pastor de Mosaic México

Xavier es una de esas personas con las que cruzarse en el camino fácilmente puede ser un parteaguas en la vida, gracias a su increíble capacidad de ver en las demás personas lo que pueden llegar a lograr incluso cuando ellas mismas no lo creen posible. Ahora resulta que mientras el planeta se adaptaba a un caminar diferente en medio de una pandemia, Xavi ha decidido regalarnos esta joya de libro para recordarnos que los sueños nos fueron dados para ser trabajados y perseguidos, sin importar el panorama en el que nos encontremos. No solo nos lo recuerda, sino que muy generosamente nos deja en estas páginas una guía invaluable para trazar las rutas que nos ayudarán a llegar a nuestros nuevos destinos.

Este es un libro indispensable, ahora más que nunca: ¡a por nuestros sueños! Gracias, Xavi.

Viviana Serna
Actriz de cine, teatro y televisión

Pocas personas conozco que al hablar con ellas sus palabras, sus ideas, se me quedan en la cabeza resonando por días; se me clavan en el alma despertando mi creatividad. Xavier es una de ellas. Su libro *El puente: de la posibilidad a la realidad* es solo una muestra de esto. Es un manual de inspiración que nos invita a soñar, llevándonos de la mano a encontrar un camino de estrategias y de planificación para hacer realidad nuestros sueños.

Todos nos atrevemos a soñar. Algunos tienen el valor de luchar por estos sueños, pero pocos tienen la sabiduría para conquistarlos. He aquí un libro con conceptos bellos, claros y elocuentes que nos llevan a tomar acciones prácticas para alcanzar nuestros sueños, y lograr que no sea una cuestión de suerte, sino una decisión premeditada.

Luis Ernesto Franco
Actor y productor

No sé por qué Xavier me pidió escribir estas palabras, porque para mí él es una de las mentes más brillantes con las que me he encontrado. En la cena que tuvimos, yo pasé mi tiempo escuchándolo sin participar. Creo que era lo más sabio que podía hacer.

Lo conocí ese mismo día por recomendación de una amiga mutua y quedé perplejo. Mi abuelo y mi padre eran filósofos. Soy ferviente admirador de las mentes brillantes. Cuando Xavier me pidió escribir aquí, pareciera que también me adentró en el libro, del que aún no he leído más que la Introducción, con la cual puedo decirles que me bastaría.

Unos días después que hablé con él se me vino el mundo encima. Mi disquera comenzó a desmoronarse, financiera, profesional y anímicamente; y por supuesto, yo con ella. Esto me ocasionó enfermarme gravemente por la crisis y presión que sentí mentalmente.

El día que escribo estas palabras he recibido la noticia de que uno de mis mejores amigos murió horas antes, y mi cansancio por trabajo y mi fuente anímica me tiraron a la cama en un sueño profundo, llamémosle desconexión. Me levanté un poco asustado y triste a las dos de la mañana, y mi espíritu me llamó a leer lo que Xavier me había mandado. Por fin pude escribir lo que para mí es un honor poder escribir, una recomendación para esta mente brillante.

Leí lentamente y con atención cada palabra y fue adentrándose en mis huesos. Recobré energía; me urge que mi disquera lea esto. Me urgía que mi alma lo leyera.

Mañana leeré sus palabras a mi gente, porque lo necesitamos, y sé absolutamente que al final, todos, gracias al espíritu de sabiduría de Xavier, diremos: "saldremos de esta más fuertes que nunca". Gracias, Xavier, por alentar mi alma. Este libro es ya una bendición.

Te quiero, amigo.

Kalimba
Autor, cantautor, productor y empresario

Parte de saber potenciar los talentos que tiene cada uno, está en perder eso que generalmente a muchos nos rebasa: el miedo… el miedo a perder. ¿Cuántas cosas perdemos por miedo a perder?

Se necesita ser una persona sensata para llegar a conocer los propios talentos y debilidades; se puede vivir años y desconocerlos. Para mí, Xavier es esa persona que ha descubierto los dones maravillosos que Dios le ha encargado, que escribe (como diría él) ya no porque su mente tenga algo que decir, sino porque su alma tiene algo que compartir.

Felicitaciones por no haber enterrado este talento, porque cada libro tuyo nos llama a construir una mejor historia y a tener el valor para contarla.

Daniela Vega
Fundadora
Storybook App

Todos necesitamos un puente firme para alcanzar nuestras metas en la vida. Más que ganas de cruzarlo, hay que estar preparados para los tropiezos que encontraremos en el camino.

Qué agradable experiencia ha sido coincidir con *El Puente* de Xavier Cornejo, desde ya uno de mis libros favoritos para salir del estupor de la pandemia y los miedos al qué pasará después.

Gran elocuencia para hacernos despertar y entender que además de talento, necesitamos estrategia. Tus palabras atraviesan nuestros sentidos como una daga para hacernos recapacitar sobre qué estamos haciendo con nuestro tiempo. Resulta fácil identificarse con tus anécdotas. De manera sencilla, nos motivas a afirmar que sí podemos; que nada es imposible por grande o alocado que parezca.

Este libro no puede llegar en mejor momento. Nos hablas del dolor y del crecimiento. Luego de un año difícil que nos puso a prueba y otro que arranca con incertidumbres, tenemos el reto de prepararnos y ser nuestra mejor versión.

Gracias, Xavier, por ayudarme a cruzar el puente de las guerras mentales que opacan mis sueños.

Joe Bonilla
CEO
Latinvasion

Siempre me han enseñado sobre la importancia de comenzar con el final en mente; tener metas precisas y una visión clara de lo que quiero que ocurra tanto en lo personal como en los negocios. ¿Qué resultados deseo? ¿A dónde quiero llegar?

Sin embargo, nadie comenta sobre el proceso para llegar a la meta. Cuáles son las herramientas que necesito durante el camino. Cómo manejo situaciones que van a ocurrir y no puedo controlar. Esa etapa, donde soñamos, pero nos preguntamos: ¿Cómo lo hago posible? ¿Cómo llego hasta allá?

Xavier Cornejo, en su libro *El Puente*, te traza la ruta para que este proceso que comienzas con valor te lleve a la meta con sabiduría. Te dará los pasos para que luches cada batalla con estrategia y puedas vivir la experiencia de aprender en el camino.

Es un libro que te llevará de la mano para que cumplas el propósito por el cual fuiste creado, vivas esos sueños que siempre has anhelado; y mejor aún, inspires a otros a que hagan lo mismo.

¿Listo para cruzar el puente? ¡Nos vemos al otro lado!

Verónica Avilés
Autora de *La magia de reinventarte*

Defiendo la idea de una vida plena alejada del individualismo, la angustia y la ansiedad, una vida serena que debe edificarse sobre el conocimiento de lo que somos y lo que queremos ser. Por fortuna hay seres como Xavier Cornejo que ponen sus talentos al servicio de los demás, hoy a través de su libro *El Puente*. Sin duda, nos ilumina el camino para que podamos recorrerlo con más certeza rumbo a nuestros sueños. Su sabiduría te mostrará cómo construir tus éxitos más allá de tus talentos y tus dones.

"En esta vida todos somos alumnos y maestros".

Gracias, Xavier Cornejo, por ser un gran maestro comprometido con el bienestar de los demás.

Silvia Cázares
Fundadora y Socia de Sheló NABEL
Empresaria, Maestra y Coach de Vida

Xavier ha sido una persona muy especial en mi vida. Su sabiduría y sus consejos me han ayudado mucho en mi carrera en el mundo de la moda. Siempre está desafiándome a pensar más allá de tan solo tener talento, en cómo mantenerse en lugares donde la sabiduría y el carácter son vitales.

Christian Ferretti
Senior Menswear Designer at Guess, Inc.
Celebrity Stylist

EL PUENTE

DE LA POSIBILIDAD A LA REALIDAD

XAVIER CORNEJO

páginaazul

Las citas de la Escritura son tomadas de la *Santa Biblia, Nueva Traducción Viviente*, © Tyndale House Foundation, 2010. Usadas con permiso de Tyndale House Publishers, Inc., 351 Executive Dr., Carol Stream, IL 60188, Estados Unidos de América. Todos los derechos reservados.
Cursivas y negritas son énfasis del autor.

Editado por Ofelia Pérez

Diseño interior: Felipe Paredes
Composición de portada: Becky Speer
Ilustraciones originales: Xavier Cuenca
Fotografía: Andrew Van Tilborgh

El Puente
De la posibilidad a la realidad

ISBN: 978-1-956625-06-6
E-book ISBN: 978-1-7365821-1-4
Impreso en Estados Unidos
© 2021 por Xavier Cornejo

Publicado por Página Azul
2071 NW 112 AV Suite 103
Miami FL 33172

Ninguna parte de esta publicación podrá ser reproducida o transmitida de ninguna forma o por algún medio electrónico o mecánico; incluyendo fotocopia, grabación o por cualquier sistema de almacenamiento y recuperación sin el permiso previo por escrito de la casa editorial.

DEDICATORIA

Lucas,

He sostenido tu mano desde tu primer aliento y lo haré hasta mi último aliento.

En la vida hay muchos puentes que cruzar, lugares a los cuales llegar y momentos que se deben conquistar. Nada me hará más feliz que verte lograr todo aquello que puedas imaginar.

Sé que habrá batallas que tendrás que librar para que tus sueños se puedan realizar. Ten valor y nunca dejes de luchar por todo aquello que anhelas alcanzar. Lo que yo he aprendido aquí está compartido para ayudarte a llegar a tu destino.

Ten presente que, aunque la estrategia es tu aliada para llegar a la tierra anhelada, Dios siempre debe ser quien te guía. Puedes estar seguro de que te sostendré y te ayudaré con todo mi ser y con todas mis fuerzas, y cuando las mismas se desvanezcan y ya no las tenga, aun podrás encontrar en estas páginas aliento para hacer nuevos intentos.

Tu mirada y tu sonrisa están siempre en mi corazón guardadas.

Sin importar lo que harás o hacia donde irás, estaré contigo siempre.

Te amo, hijo.

AGRADECIMIENTOS

Lucas, quizá no lo sepas aun, pero tú eres mi más grande inspiración para seguir y para escribir. Tus días, tus ideas y tu sonrisa son faros que guían mi vida. Gracias por tu paciencia y tu amor para conmigo. De seguro *El puente* no existiría si tú no fueras parte de mi vida.

A mis padres Jimmy y Aída, quienes, con su ejemplo de vida, me han enseñado con valentía que sí se puede soñar, también se puede *El puente* cruzar, y cuando han llegado al otro lado siempre me han extendido su mano para que yo pueda cruzar los puentes a mi destino. Estaré agradecido con ustedes siempre; su apoyo diario es fuerza para dar el siguiente paso.

Diego, Rossana, Ma Gracia, Victoria y Juan Manuel, gracias por estar siempre pendientes de mí. Con su amor han logrado acortar la distancia que nos separa.

Quizás físicamente estemos lejos, pero de corazón estamos cerca.

Carlos, Verónica, Carlitos, Amelia, Santiago José y Sofía, sus vidas alegran mi vida. Gracias por creer en mí y por estar siempre presentes; son un regalo de Dios a mi vida.

Omar, Lían, Stephanie, gracias por siempre cuidar de Lucas, por todo el amor que tienen para con él. Nada de lo que yo hago lo podría hacer si ustedes no cuidaran de él de la manera en la que lo hacen. Gracias.

Ofelia, no sé hasta dónde este libro es mío o es suyo. Gracias por todo su cuidado, tanto en lo laboral como en lo literario, así como en la vida cotidiana. Sin lugar a duda yo no podría haber escrito este libro sin usted, y sin cada detalle en el que usted ha pensado. Que cada persona que lea *El puente* sepa que es usted quien me ayudó a cruzar *El puente* de mi posibilidad a mi realidad. Gracias por su cariño constante, valoro mucho todo su apoyo. Tiene un espacio importante en mi corazón y en mi vida.

Karlita, estoy seguro de que la luz que llevas en tu interior alumbra las páginas de este libro. Gracias por acompañarme y animarme mientras escribía este libro, gracias por ayudarme a ver más en todos aquellos momentos en los que yo ya no quería continuar. *El puente* no se podría cruzar si tú no me hubieras acompañado en ese caminar.

Mariana, tu motivación constante es parte importante de mis días. Gracias por estar, por apoyar, pero sobre todas las cosas, gracias por ser un ejemplo de ir por más y de nunca claudicar.

Claudio, gracias, amigo, por tomar este proyecto, por abrirme las puertas de tu casa y abrirme las puertas del corazón. Más que amigos, tú, Jimena, Luca, Mateo y Ana Renata son familia. Vamos a seguir cruzando puentes siempre.

Becky, gracias por tu retroalimentación constante y por tus ideas brillantes, y gracias por la composición de tan increíble portada.

Xavier, gracias, Cuki, por las ilustraciones. Gracias por soñar junto a mí y por tu disposición para trabajar conmigo.

A todos los lectores de este libro, gracias por darme la oportunidad de ser parte de sus días.

Finalmente, gracias a Dios por darme la oportunidad de respirar, de pensar y de crear. Gracias por haber cruzado el puente para abrazar a la humanidad. Nada podría hacer si tú no estuvieras conmigo.

CONTENIDO

PRÓLOGO POR SAMUEL R. CHAND	23
INTRODUCCIÓN	27
1: ESTRATEGIA	39
2. CLARIDAD	65
3. PERSONAS	77
4: PLANIFICACIÓN	95
5: PREPARACIÓN	117
6: TIEMPO	135
7: EJECUCIÓN	151
8: EVALUACIÓN	169
9: DOLOR	181
10: CRECIMIENTO	193
HOJA DE ESTRATEGIA	220
ACERCA DEL AUTOR	223

PRÓLOGO

Palabras. Todas tienen significado. Significan cosas diferentes para diferentes personas en diferentes contextos. Incluso las palabras simples como casa o automóvil evocan diferentes imágenes mentales para todos.

La estrategia es una palabra así. Se vuelve matizada, misteriosa. La estrategia necesita estrategia, y esa es exactamente la clave de este libro. Mi amigo Xavier Cornejo elimina los matices, deconstruye el misterio y, de una manera muy directa, nos hace saber que él lo guiará personalmente para cruzar *El puente: de la posibilidad a la realidad.*

En mi viaje de liderazgo, he sucumbido a la falta de estrategia múltiples veces. Las causas son las siguientes, a las que sumo algunas de las soluciones de Xavier:

Un destino sin claridad: Una vez que el destino está claro, las decisiones son fáciles. No puedes caminar hacia tus sueños sin saber claramente lo que quieres.

Falta de mentores: No puedes cruzar el puente hacia tus sueños solo; siempre hay personas que necesitarás. Las personas nos conectan con el futuro.

Planificación defectuosa: Para Xavier, la planificación es el conjunto de ideas enfocadas hacia alcanzar los objetivos. Al principio, todas las ideas son válidas y podrían estar sobre la mesa. Luego se refinan y se unen.

Preparación deficiente: El resultado final de nuestras vidas es el resultado de nuestra preparación. ¿Para qué te estás preparando?

Falta de ejecución: Como escribí en mi libro *¿Quién mueve tu escalera?*: ¿Quién va a hacer qué para cuándo?

Evaluación ambigua: La evaluación nos ayuda a darnos cuenta si la estrategia que elegimos nos está acercando o alejando de nuestra meta.

Resistencia débil: para cruzar el puente tendrás que soportar el camino y habrá dolor.

PRÓLOGO

Impaciencia con el tiempo: Cruzar *el puente* llevará tiempo. Tener una idea del tiempo que nuestros sueños podrían tomar nos ayudará a no desesperarnos.

Esfuerzo limitado para el crecimiento: No limites lo que podrás crecer mientras alcanzas tus sueños.

La buena noticia es que, en este libro, Xavier aborda todo lo anterior, explica sus recursos en detalles y, estratégicamente, va trazando sus pasos para cruzar *El puente* hacia sus sueños.

Usted deseará haber tenido este libro antes. Yo mismo hubiera querido tener este libro hace muchos años. Pero déjeme asegurarle: ¡está justo a tiempo!

Dr. Samuel R. Chand
Autor de éxitos de ventas en el tema del liderazgo
Distinguido en la lista de los 30 principales gurús del liderazgo global

INTRODUCCIÓN

"Nada sucede hasta que tenemos el valor de comenzar."

— XAVIER CORNEJO

"Ni siquiera sé cómo fue que perdí" son las palabras de Adonis Creed. "Tu mente no estaba en el lugar correcto, y tu estilo natural no funciona contra alguien tan grande", es la respuesta de Rocky.[1] He pensado mucho en estas palabras; han hecho eco dentro de mi mente y de mi alma.

Habían pasado tan solo unas semanas desde que terminé de escribir mi primer libro, *La historia dentro de ti*, y me había prometido que jamás volvería a escribir. El

---

[1]. De la película Creed II, 2018, con Sylvester Stallone y Michael B. Jordan, MGM.

agotamiento mental de haber puesto mi alma en papel era real. Sin embargo, al escuchar la respuesta de Rocky, una llama comenzó a quemar dentro de mí: una idea, un pensamiento.

He descubierto que *lo que quema en nuestro interior sirve para iluminar el mundo a nuestro alrededor*; es una chispa que puede alumbrar nuestro camino y mostrarnos dónde está el puente a nuestro destino. Entendí también en ese momento que no escribo porque mi mente tiene algo que decir, sino porque mi alma tiene algo que compartir.

Creed había sido derrotado en su primera pelea contra Drago; no tan solo derrotado, sino noqueado, aunque oficialmente ganó la pelea porque su oponente fue descalificado. A pesar de todo, las palabras de Rocky no son de derrota, no son de "jamás lo podrás lograr". Simplemente responde: "Tu estilo natural no funciona contra alguien tan grande".

Es decir que, para ganar esa batalla, se necesita algo más que talento. Ese algo es sabiduría, porque *la sabiduría nos prepara para la batalla, y sabe que no todas las batallas son iguales. Si bien hay luchas que podemos ganar tan solo*

INTRODUCCIÓN

con talento, la guerra se gana con sabiduría. Sabiduría no es prepararse para que la vida no te golpee, es estar listo para levantarte cuando lo haga.

Se necesita valor para empezar, pero se requiere sabiduría para terminar. El talento te puede llevar a peleas que solo se pueden ganar con estrategia.

Estoy convencido de que la idea o el pensamiento que vino a mi mente cuando escuché estas palabras de Rocky se mezclaban con algo que ya tenía en mi corazón un poco antes de ver la película. El 9 de septiembre del 2018 había leído la historia de un comandante del ejército de Israel cuyo nombre es Josué, un hombre al cual no sé si admirar más por su valor constante o su sabiduría impresionante.

En este momento de la historia, los israelitas habían salido de estar cuarenta años en el desierto. Antes de eso habían sido esclavos en Egipto, y ahora buscaban la Tierra Prometida para disfrutar de libertad.

Al emprender su conquista se encontraron con una ciudad llamada Jericó, la cual tenía grandes murallas; era impenetrable para todos sus enemigos. El ejército de Josué tenía mucha experiencia en batalla, sin embargo, nunca se habían encontrado ante unas murallas similares a estas. Josué era un hombre de batalla. Cuando llegó ahí no simplemente atacó la ciudad y la intentó ganar con talento; él esperó a tener una estrategia.[2]

Al leer esa historia y al escuchar las palabras de Rocky sobre que "tu talento natural no te ayudará contra alguien tan grande", las palabras que hicieron eco en mi mente y en mi corazón fueron las siguientes:

Nunca vayas a la guerra sin una estrategia.

Nunca ocho palabras que conforman una frase habían quemado tanto dentro de mí.

Muchos de nosotros tratamos de luchar batallas basándonos únicamente en nuestras habilidades, pero *nuestra habilidad se puede volver debilidad cuando la planificación no es parte de la acción. Si tu talento es suficiente para ganar la batalla que estás luchando, esa batalla es demasiado pequeña.* Las grandes guerras no se ganan tan solo con talento; se requiere sabiduría, se requiere estrategia. Una estrategia no es más que pasos pensados para llegar al lugar deseado.

---
2. Ver Josué 6.

INTRODUCCIÓN

Todos vivimos en una guerra por alcanzar nuestras metas, por llegar a nuestros sueños. Algunos con el pasar de los años y después de varias derrotas, hemos dejado de perseguir nuestros sueños, y ahora los sueños están en un rincón lejano y apagado de nuestra memoria.

Muchas veces pensamos que la armonía se opone a la batalla, y dejamos atrás los sueños, por preservar la armonía; pero la verdad es que la armonía no se opone a la batalla, porque sin batalla no hay armonía. Hasta que no luchemos la batalla por nuestros sueños nunca podremos alcanzar la armonía para nuestra vida.

Otros quizás están a punto de rendirse, y hay otros que siguen luchando la batalla por alcanzarlos. El problema más grave de cualquiera de estas categorías es que luchamos por alcanzar nuestros sueños tan solo con nuestro estilo natural. Creemos que todo lo que podemos ser no requiere más que nuestros dones y talentos, y es ahí donde estamos equivocados.

Nuestra manera de pensar determina nuestra dirección a caminar. Antes de salir a buscar nuestro camino debemos pensar cuál queremos que sea nuestro destino. *Nada sucede hasta que tenemos el valor de comenzar. El valor es la clave para empezar la jornada, pero solo la sabiduría nos guía al camino. Sin valor no se puede empezar, pero sin sabiduría no se puede terminar.*

De eso se trata el puente: de cruzar con sabiduría el umbral a nuestros sueños; *que nuestras pisadas no solo nos lleven a nuestro destino, sino que dejen huellas en el camino para que otros también alcancen su destino.*

Cuando pensamos en nuestra vida, en nuestros sueños y anhelos, seamos lo suficientemente valientes como para soñar en grande, soñar con cimas a las cuales no podremos llegar tan solo con nuestro talento, soñar con aquel lugar donde anhelamos estar. Solo cuando soñemos con ese lugar sabremos el puente que debemos cruzar.

No permitas que los fantasmas de derrotas pasadas te detengan de caminar hacia el lugar donde sueñas llegar. Puede que hayas sufrido derrotas en el pasado y, es más, estoy seguro de que sufrirás derrotas en el futuro, pero *con el valor para continuar y la sabiduría para caminar siempre podrás la cima alcanzar.*

INTRODUCCIÓN

Elige una vida que desafíe las posibilidades y las convierta en realidades. Elige luchar grandes batallas para lograr grandes sueños. Utiliza la estrategia indicada para los resultados adecuados. En la vida hay lugares a los cuales llegamos con talento, pero *el sostenimiento solo se logra con planeamiento*. Desde abajo siempre se anhela llegar a la cumbre, y una cosa es escalar, pero otra cosa es permanecer. Sobrevivir una vez que llegas a la cima muchas veces es más difícil que la subida misma.

Cruzar el puente de las posibilidades a las realidades requiere una estrategia. Se puede lograr, pero hay que saber dónde empezar. El éxito en la búsqueda de nuestro destino está en encontrar el camino. No solo en saber lo que se quiere, sino qué se requiere.

Necesito saber cuáles son los pasos apropiados para llegar al lugar deseado. Necesito saber que me voy a caer, pero necesito saber también que me levantaré más fuerte; que cada paso en el camino me acerca a mi destino; que, aunque no vea nada a mi alrededor, hay mucho en mi interior; que, si planifico mis pisadas, llegaré a la tierra anhelada; que dentro de nosotros tenemos todo lo que se requiere para cruzar el puente. Ahora solo necesitamos la estrategia para superar esa batalla.

Cada persona tiene la capacidad de elegir qué vida vivir. Quizás no podemos elegir el lugar de inicio, pero podemos elegir el sueño a alcanzar y la meta a la cual llegar.

NUNCA VAYAS A LA GUERRA SIN UNA ESTRATEGIA.

Con frecuencia me encuentro con compañías y personas que se trazan metas, algunas pequeñas y algunas grandes. Lo que más me sorprende es que somos capaces de establecer metas, pero nos cuesta establecer estrategias para alcanzar estas metas. Es como elegir un destino y esperar de pie sin movernos en el camino. Si sabes a dónde quieres ir, también necesitas planificar cómo llegar a ese lugar. No se puede llegar a un destino tan solo por pensar en él; se necesita caminar hacia él.

La estrategia es el vehículo más rápido hacia los resultados. Muchos de nosotros sabemos las metas que queremos alcanzar, pero no tenemos una estrategia para alcanzarlas, y por eso no tenemos los resultados que desearíamos tener. Nuestra mente sueña con lo ideal, pero nuestra vida se contenta con lo real, sin darnos cuenta de que tener *una estrategia podría llevarnos a no solo vivir en lo real, sino hacer realidad lo ideal.* Sin importar cuál

INTRODUCCIÓN

sea tu meta, en la vida todos necesitamos una estrategia para alcanzarla.

La vida es una constante batalla por lo que queremos. No te canses de luchar; *tus sueños se merecen todo de ti*, porque tú te mereces vivir tu vida al máximo de tu capacidad, disfrutando de cada momento sin importar lo que enfrentes. *Tu destino solamente está esperando que encuentres el camino hacia él.*

Terminé de escribir este libro durante la cuarentena del Covid 19. Hace un par de semanas, mi amigo Erwin McManus me escribió preguntándome cómo estaba. Su mensaje final fue tan inspirador que es el mismo mensaje que quisiera que quienes pasen por estas páginas se lleven consigo. El mensaje decía así:

> "Todas las personas alrededor del mundo están en crisis, pero vamos a salir de esto más fuertes que lo que jamás hayamos sido. Mientras tanto, sigamos adelante."

Espero que al leer *El puente* puedas llegar más fuerte al otro lado, y listo para enfrentar nuevos desafíos hacia nuevos destinos. En estas páginas encontrarás pasos que te ayudarán a llegar a la meta, y si no tienes una meta aun, te ayudarán a establecerla. Mi más grande intención es que al terminar este libro puedas tener la estrategia adecuada que te permita llegar al lugar que tu alma anhela y que tu mente desea.

LA VIDA ES UN CAMPO DE GUERRA
ENTRE QUEDARNOS EN LA
POSIBILIDAD O CRUZAR
EL PUENTE HACIA LA REALIDAD.

XAVIER CORNEJO

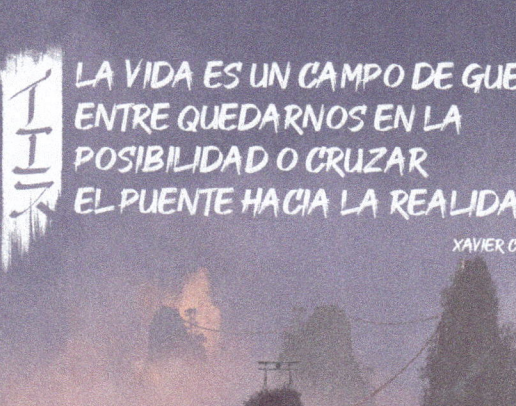

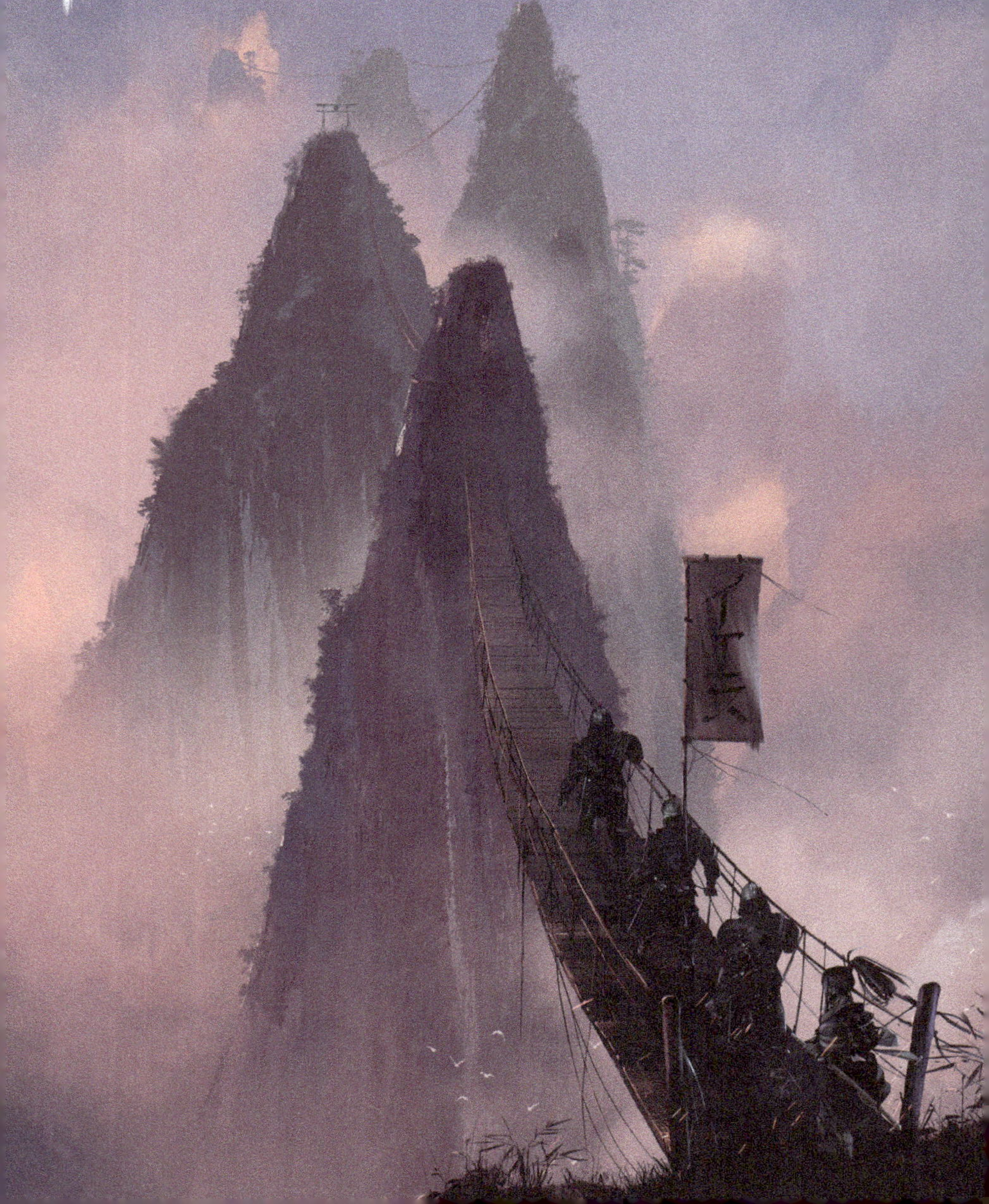

ESTRATEGIA

> *"El ganar se debe solo a la virtud de la estrategia. Es suficiente entrenar en ella para aplicarla en todo momento, y enseñarla para que nos sirva en todas las cosas. Es así como debe ser el verdadero camino de la estrategia."*
>
> — MIYAMOTO MUSASHI

"Todos vivimos bajo el mismo cielo, pero no todos tenemos el mismo horizonte", dijo Konrad Adenauer.[3] Hay palabras que nunca se olvidan, que hacen su nido en nuestra mente y en nuestro corazón. Estas palabras hicieron eso en mí. Todos estamos bajo el mismo cielo, todos tenemos las mismas oportunidades de respirar, de brillar y de caminar, pero así también todos vemos

---

[3]. Primer Canciller de Alemania Occidental y primer líder de la Unión Cristiana Democrática.

lugares diferentes, todos tenemos metas diferentes, sueños diferentes, y eso hace que la vida de cada persona sea tan importante.

Porque *solo tú puedes ser tú, y solo tú puedes soñar algo que yo no puedo imaginar.*

Estoy convencido de que todos tenemos dones, talentos y habilidades dentro de nosotros, que quizás muchos ya los han logrado encontrar, pero hay muchos que aún no se han rendido de buscar. Sin importar si ya los descubriste o si estás en la búsqueda, estoy seguro de que todos tenemos metas que nos gustaría alcanzar, experiencias que quisiéramos disfrutar y saber qué camino tomar para llegar a ese lugar.

LA ESTRATEGIA SE DISEÑA PARA GANAR

Ya sea que tengas una idea para escribir un libro, o para empezar algún negocio, o quieres duplicar tus ventas; tal vez quieres ser el mejor actor o la mejor actriz, el mejor orador o alguien inspirador. Sin importar cuán pequeña parezca la meta, o cuán grande y compleja sea, la pregunta es siempre la misma: ¿Cuál es tu estrategia?

ESTRATEGIA

Para ganar la guerra, necesitamos diseñar una estrategia. Ningún ejército va a la guerra sin una estrategia.

Ningún maestro de ajedrez gana la partida sin una estrategia definida; mientras observa lentamente a su oponente, piensa rápidamente con un plan en mente.

Los empresarios progresan y ganan a base de estrategias.

Todo médico crea una estrategia para sanar al paciente.

Los grandes atletas que van a las olimpiadas no ganan solamente por talento, lo hacen por estrategia, ya que la brecha que separa su talento del de sus competidores es una línea casi imperceptible.

Así que si quieres ganar, una estrategia necesitas aplicar. La estrategia se diseña cuidadosamente, pensando profundamente, actuando y evaluando constantemente. Resultados diferentes no se alcanzan con momentos diferentes, sino en días consistentes.

Me encanta recordar cuando con mis primos me sentaba a jugar. Durante las vacaciones de la escuela nos solíamos reunir en Machángara en la casa de mi primo Antonio y su hermana Gaby, y hasta tarde en la noche juegos de mesa solíamos disfrutar. Ya sea que jugásemos

EL PUENTE

Monopolio o Buen Viaje, desde el momento inicial cada uno de nosotros ideaba una estrategia mental para ganar.

Ahora bien; si alguna vez has jugado un juego de mesa o algún juego de barajas, sabes de lo que te estoy hablando; desde el inicio empiezas a pensar qué estrategia emplear.

Me sorprende que esa capacidad de diseñar estrategias que empleamos para ganar en un juego de mesa no la apliquemos para ganar en el juego de la vida, que es el juego más importante a ganar.

Si ganar un juego de mesa se nos vuelve algo importante, cuánto más importante debería ser tener una estrategia para lograr nuestros sueños. En la vida debemos ser como un estratega de guerra, cuyo mayor objetivo es ganar la batalla y cruzar el puente hacia la victoria.

Es tiempo de empezar a pensar qué estrategia debo diseñar para todas mis guerras ganar y todos mis sueños alcanzar. Nuestro futuro depende de nuestras decisiones y de nuestras acciones. No pienso en el resultado de la estrategia como fracaso o éxito; pienso en ese resultado como algo de vida o muerte, donde le doy a mis metas, anhelos y sueños la oportunidad de vivir. Una de las batallas más grandes de la vida es mantener nuestro soñar cada segundo en el que podemos respirar, y es la estrategia la que nos permite alcanzar todo esto. La finalidad de la estrategia debe ser alcanzar y conquistar lo que nuestra alma anhela disfrutar.

Con el pasar de los años logramos entender que más inteligentes con nuestros días debimos ser. Pero, aunque los años hayan pasado, aún se puede alcanzar todo lo soñado. Mientras puedas respirar, aun puedes luchar y diseñar estrategias para ganar todas tus batallas.

La vida es un campo de guerra entre lo que queremos y lo que no queremos, entre lo que anhelamos y lo que tememos, entre continuar o renunciar, entre quedarnos en la posibilidad o cruzar el puente hacia la realidad. Para ganar esa gran batalla necesitas una estrategia que te permita conquistar y cruzar el puente.

INTELIGENCIA PARA LA ESTRATEGIA

Estrategia no es más que pasos pensados para cruzar el puente al lugar deseado. Muchas veces caminamos por la vida con metas por alcanzar, con sueños que lograr, pero sin saber qué pasos debemos tomar. Tendemos a pensar que para algo grande alcanzar, más duro tenemos que trabajar. Estoy convencido de que no siempre el trabajo duro nos lleva a los destinos que pensamos ni a los caminos que imaginamos.

Conozco muchas personas que trabajaron duro toda su vida tan solo para llegar al mañana, pero no para llegar a la tierra amada. Trabajar duro es parte fundamental para alcanzar las metas, pero *trabajar inteligentemente es el ingrediente indispensable para el puente poder cruzar.*

COMIENZA PENSANDO

¿Cuánto tiempo en verdad nos dedicamos a pensar cómo llegar al lugar donde mis metas se pueden alcanzar? *Nuestro pensar dirige nuestro caminar.* ¿Quizás es posible que no hemos cruzado el puente de la posibilidad a la realidad tan solo porque hemos trabajado duro y no hemos pensado lo suficiente en cómo llegar?

Muchos de nosotros hemos pensado en bajar de peso o en incrementar nuestra economía, y es interesante que muchas veces preferimos ejercitarnos fuertemente en vez de alimentarnos inteligentemente, sin darnos cuenta de que, si bien el ejercicio es importante, la alimentación lo es mucho más para obtener esa meta.

ESTRATEGIA

Se ha generalizado que la fórmula para reducir de peso es 80% dieta y 20% ejercicio. Sin embargo, cuando el sobrepeso es de más de 15 kilos, la proporción es 90% dieta y 10% ejercicio. A menudo cuando se está llegando al peso meta, se recomienda un 50% y 50%.[4]

Podemos seguir todas las fórmulas posibles, pero aún nos falta una estrategia pensada para llegar a la meta deseada. Si quiero bajar 2 libras probablemente la estrategia no será igual a si quiero bajar 50 libras.

Si pensamos en cómo tener más dinero, lo primero que pensamos es en cómo ganar más, en vez de cómo gastar menos. Si se pueden hacer las dos cosas mejor aún, pero la estrategia siempre estará basada en la meta a alcanzar y cómo debo pensar para esa meta lograr. De la misma manera, si quiero ahorrar 1000 dólares quizás la estrategia no sería la misma a si quiero ahorrar 20.000.

OBSERVA DÓNDE ESTÁS PARA LLEGAR ADONDE VAS

¿Alguna vez has pensado que la importancia del GPS [5] no está solamente en su capacidad de mostrarnos dónde

---

4. Consulta en línea. http://www.bodyknowsbest.net/ideal-ratio-of-diet-vs-exercise/
5. Global Positioning System o Sistema de posicionamiento global. Consulta en línea: spaceplace.nasa.gov.; gps.gov.

está el destino y cuál es el camino, sino también en su habilidad de saber dónde estamos? El GPS no podría dirigir tu caminar si no supiera dónde estás. Su sistema de satélites y receptores necesitan localizar dónde estás antes de poder calcular la distancia al lugar al cual quieres llegar.

Sin importar la meta a alcanzar, es indispensable saber dónde estás con respecto a la misma. No es relevante si estás lejos o cerca; lo importante es saber en qué lugar me encuentro exactamente. Es ahí que puedo elegir el camino a seguir.

Esto me recuerda las palabras de Sun Tzu: "Si conoces al enemigo y te conoces a ti mismo, no necesitas temer el resultado de cien batallas…si no conoces al enemigo y no te conoces a ti mismo, perderás todas las batallas". Esa es la importancia de saber dónde estás con respecto a la meta que quieres alcanzar. Si sabes la meta que quieres alcanzar y el lugar desde donde vas a empezar, podrás planificar cómo alcanzar todo lo que quieres lograr.

No tenemos un GPS para el viaje de la vida; es por eso por lo que necesitamos una estrategia que nos sirva de guía. La estrategia nos ayuda no solo a emprender el viaje, sino también a disfrutar del paisaje.

Una estrategia tiene que ser diseñada para donde quiero llegar, pero pensada desde donde estoy. Cuando sé dónde me encuentro, podré entender mejor cuánto tiempo necesitaré para cruzar el puente a la tierra donde mis posibilidades se pueden convertir en realidades.

Hay personas que se desilusionan porque no calcularon el tiempo que les va a tomar alcanzar sus metas. Si bien hay metas pequeñas que son importantes, también existen metas que nos tomarán toda la vida y requieren consistencia y persistencia.

LA ESTRATEGIA TRAZA LA RUTA

Recientemente me encontré con mi primo Fausto, quien estuvo unos días de vacaciones con su familia en un crucero. Tuvimos la oportunidad de salir a almorzar. Mientras caminábamos por Brickell City Center, le hice algunas preguntas acerca de su trabajo. Él provenía de manejar una gran empresa donde tuvo mucho éxito, y después trabajó en una compañía que se encontraba en una situación bastante complicada y la sacó adelante en gran manera.

Le pregunté cómo logró el cambio y me dijo lo siguiente: "Estrategia". Le pregunté un poco más al respecto, sobre todo acerca de cuál fue el primer paso, y me respondió: "Lo primero fue analizar dónde estaba la compañía, y conocer el estado de cada parte de esta. Una vez que tienes el conocimiento interno puedes establecer las estrategias externas". *Antes de saber a dónde quieres ir, tienes que saber dónde estás.* Una estrategia bien pensada es aquella que comienza con el conocimiento de dónde me encuentro.

No tengas miedo de dónde te encuentras en el presente; ten miedo de no saber hacia dónde ir en el mañana. Puede ser que la vida te haya golpeado, que te sientas desamparado, lo importante es que aún no has sido derrotado. Mientras te puedas levantar, lo puedes lograr, pero esta vez pensemos bien a dónde queremos llegar.

PREPARA TU ESTRATEGIA CON VALOR Y SIN TEMOR

El temor es el mayor ladrón que vive en la mente. "Nuestros miedos no detienen la muerte, detienen la vida", decía Elisabeth Kübler-Ross.[6] El temor, si se lo permites, te roba tus sueños, te quita tu futuro, te hace dudar de que nunca podrás realizar todo aquello que puedes imaginar. Te hace pensar que es más importante el qué dirán que las metas que quieres alcanzar.

Pero Dios te creó para soñar, te creó para imaginar. Él tiene el mejor futuro en mente para ti, y, sobre todo, no te preocupes de lo que dicen los demás, porque los demás no son quienes viven tu historia y se sorprenderán al verte alcanzar la gloria.

Estoy convencido de que la mejor arma que una persona posee es su valor; el valor para perseguir la vida que quiere, para conquistar los sueños que desee. El temor por fallar, el miedo a fracasar, la vergüenza del que dirán, se apoderan muchas veces de nuestra mente. Me encuentro con que *lo que el corazón busca a la mente le asusta.*

El temor puede hacernos fracasar aun antes de empezar, pero el valor puede hacernos ganar; solo tenemos que empezar. ¡Que nuestro valor para caminar hacia un nuevo

---

6. Psiquiatra suizo-americana, autoridad más respetada en investigaciones sobre la muerte y el proceso de morir, y autora del éxito internacional de ventas *Sobre el duelo y el dolor*, Luciérnaga CAS, 2017.

futuro sea mayor que las voces que nos atan al mismo pasado!

Creo que lo que llamamos zona de comodidad no es más que los límites de nuestro valor, y si nunca nos atrevemos a cruzar las fronteras de lo que nos atemoriza, ¿cómo podremos cruzar el puente a la tierra que en nuestra alma dibuja una sonrisa? Con la virtud de la estrategia se puede trazar el camino para llegar a cualquier destino. Aunque la estrategia no entierra el temor, sí multiplica tu valor.

CIRCUNSTANCIAS HABRÁ Y CON ESTRATEGIA LAS VENCERÁS

Si bien hay circunstancias que no podemos controlar, siempre podremos controlar nuestro trabajar, nuestro pensar y nuestro caminar. Me gustan las palabras de Albert Einstein cuando decía: "No es que yo sea más inteligente que los demás, simplemente me dedico más tiempo a pensar".

Te invito a pensar en lo siguiente: ¿Podría ser posible que la única razón por la cual no has alcanzado lo que te gustaría es porque no has pensado en un plan para llegar allá? Todo ser humano tiene la capacidad de pensar, de soñar, de abrazar la vida y de mejorar sus días, pero, sobre todo, tiene la capacidad para perseguir las metas que imagina. No hay límite a lo que se puede lograr, ni límite a las batallas que se pueden ganar cuando la estrategia es parte de nuestro caminar.

Cómo estoy pensando acerca de mis metas puede ser aún más importante que las metas mismas. Porque el cómo pienso en ellas debería mover mis piernas a correr hacia ellas y no a crear excusas de por qué jamás las alcanzaré.

Pensar a detalle es la llave que abre la puerta al mañana. Sin importar los recursos que tengas en tus manos, puedes incrementar los recursos que tienes en tu mente. Lo que te falta nunca será una buena excusa para no luchar por lo que quieres. La única razón por la que muchos de nosotros no ponemos nuestros pensamientos a trabajar es porque en algún momento alguien o algo nos hizo creer que nuestros pensamientos no valen nada, que no somos lo suficientemente inteligentes para llegar a donde siempre hemos soñado estar.

Hoy quiero que sepas que tu pensar es lo que genera tu ganar, o bien, tu fracasar. Cómo pensamos determina cómo actuamos, lo cual culmina con los resultados que experimentamos. Esto es verdad para las personas como lo es para cualquier organización. *Más allá de la dificultad de nuestra meta está la mentalidad de nuestra cabeza.*

Lo único que está asegurado en la vida son los atardeceres que ya vivimos, las historias que ya escribimos. Nadie tiene garantizado un nuevo amanecer, pero la belleza de la vida se encuentra en lo que el mañana me puede traer. El mañana es un lugar lleno de posibilidades. Cada paso del día me puede llevar a cruzar el puente hacia el lugar donde siempre quise llegar.

La búsqueda por algo mejor siempre debe estar presente en nuestra mente. Si no podemos imaginar un mañana mejor, viviremos pendientes de un pasado que ya no existe. Hay un dicho que afirma que "recordar es volver a vivir", pero recordar no es un substituto para volar. *El mejor vuelo es el que me lleva al mañana que anhelo.*

Creemos que un segundo no es nada y así se nos va la vida: se nos escapa segundo a segundo, desaparece por minutos, y se nos esfuma por años. *Al final de todo, cada segundo que no vives con intensidad es un segundo que no volverá. Cada segundo en el que no persigues lo que quieres es un momento de vida desperdiciado en lo que no prefieres.*

TODA GRAN VISIÓN REQUIERE ESTRATEGIA PARA SU REALIZACIÓN

En mayo del 2019, mi amigo Emerson me invitó a participar en su conferencia en Ciudad de México. Él tiene una historia increíble, y es un líder que admiro mucho. Para ese tiempo había pasado quizás un poco más de un año desde que decidió dejar todo lo que tenía en Los Ángeles para emprender *Mosaic* en Ciudad de México, así que, valientemente, él y su esposa Cristina, junto a su hijo Lincoln, se mudaron a esa ciudad.

A tan solo un par de meses de estar allá organizó una conferencia a la cual llegaron seiscientas personas y tuve la oportunidad de estar allí. Un año después organizaron una nueva conferencia con más asistentes, en un lugar de mayor cabida. Se corrió muchos riesgos al pensar en grande, pero *quien evita los riesgos evita las oportunidades.* Ahora el lugar tenía una capacidad para 1200 personas sentadas, y la asistencia excedió la capacidad.

EL PUENTE

Cuando tuvimos un espacio para conversar en medio de la conferencia caminaba con él hacia un restaurante, y mientras hablábamos, él me dijo lo difícil que había sido organizar esta conferencia con respecto a la anterior. ¡Por supuesto que era un gran logro; duplicó la asistencia a su conferencia en menos de 12 meses! Cuando le pregunté cuál fue la diferencia entre la primera conferencia y la segunda, sus palabras fueron "necesité mucha más estrategia".

Toda gran visión requiere estrategia para su realización. La forma más rápida de duplicar resultados no es a través del talento; es a través de la estrategia. Todo resultado está al otro lado de un puente cruzado, de una estrategia trazada, de una mente clara, de una vida caminada hacia la meta anhelada.

El gran maestro de ajedrez Garry Kaspárov jugó 2400 juegos de ajedrez y solamente perdió 170 veces, menos del 10% en su carrera profesional. Si alguien sabe de estrategia, son los grandes maestros del ajedrez. En su libro *Deep Thinking* (Piensa profundamente)[7] , Garry Kaspárov comenta que "para la década de los ochentas

---

7. *Deep Thinking: Where Machine Intelligence Ends and Human Creativity Begins,* Mayo 8, 2018, Public Affairs Publisher. Traducción libre del autor.

ESTRATEGIA

las computadoras eran ya lo suficientemente poderosas como para calcular cada posible combinación de movimientos por los próximos tres o cuatro turnos, y así podría escoger el mejor movimiento. Pero si un jugador tenía una estrategia para los próximos cinco movimientos, era muy posible para él vencer a la computadora".

Así como la estrategia es necesaria en el ajedrez, lo es también para la vida, y mientras más estrategia puedas desarrollar, más lejos podrás llegar y enemigos más difíciles podrás derrotar. Hoy en día las computadoras son más poderosas y desarrolladas que en aquellos tiempos y tienen la capacidad de constantemente vencer a los grandes maestros del ajedrez, pero así como las computadoras se han vuelto un enemigo más poderoso para ellos, la vida se ha vuelto un lugar más difícil para nosotros. Aun cuando existen más facilidades, también hay muchas más dificultades.

Desde hoy en adelante cuando pienses en el futuro, piensa también en cómo lo vas a alcanzar y qué estrategia vas a utilizar. *El problema más grande para alcanzar una meta no es su complejidad; es tu mentalidad.* El pensar puede ser agotador, pero el no pensar es devastador. Si pudieras trazar tu camino para cruzar el puente, ¿cuáles serían los pasos que deberías tener en mente? Al final, estrategia no es más que el camino que utilizo para llegar a mi destino; son los pasos que imagino para lograr mi cometido.

PUEDES CAMBIAR DE ESTRATEGIA EN EL CAMINO

En la película que comenté al empezar el libro, Creed II, hay muchas cosas que me inspiran, pero una de las grandes perspectivas que adquirí para mi vida es esta. Al inicio, Creed decide enfrentar la lucha contra Drago. Esta lucha se convierte en su más grande sueño.

Después de haberse preparado arduamente, va a la batalla y es derrotado sin piedad por un gigante que parece invencible. Más adelante en la película, lo vuelve a enfrentar y ahora lo puede derrotar. ¿Qué cambió? ¿Acaso cambió su sueño? No, él no cambió su sueño; ¡él cambió su estrategia!

Es posible que la única razón por la cual no podemos convertir en realidades nuestras posibilidades es porque no cambiamos nuestra estrategia. Pero, si es una cuestión de estrategia, ¿por qué se nos hace tan difícil cambiar? La realidad es que debemos cambiar nuestra mentalidad. No siempre la estrategia que yo imagino ha sido la que más me convino. En el caso de esta película, la estrategia que ayudó a Adonis Creed a vencer fue la estrategia que Rocky planificó para él.

No siempre las mejores ideas para mí provienen de mí. Démonos la oportunidad de expandir nuestra manera de pensar. Quizás la llave que abre la puerta a tu destino está en la mente de otra persona. Y quizás en tu mente está la llave que abrirá el futuro para alguien más.

El triunfo de Creed con la estrategia de Rocky me hizo pensar que, a veces, las personas que tenemos cerca y están de nuestro lado ven en nuestros sueños y estrategias cosas que nosotros no vemos, en el afán de lograr lo que buscamos.

Para crear una estrategia hay pasos que debemos dar para poder cruzar el puente. En las siguientes páginas encontrarás pensamientos que te ayudarán a diseñar estrategias diferentes para alcanzar todo lo que tienes en mente.

Mi mayor anhelo es que después de haber leído este libro puedas diseñar una estrategia para conquistar tus sueños y disfrutar tu vida; que puedas cruzar el puente para convertir en realidad todo aquello que hoy tan solo parece posibilidad.

ÁBRETE A LA POSIBILIDAD DE QUE LA IMPOSIBILIDAD SE PUEDE ALCANZAR

Me encanta hablar con mi hijo Lucas. En su mente todo es posible; su razonamiento sobre las cosas me sorprende. Todas las mañanas jugamos Roblox (juego para diferentes plataformas), él en su iPad y yo en mi teléfono. Cada uno tiene su propio personaje y nos encontramos en diferentes mundos de aventuras virtuales.

Algunas veces tenemos que buscar tesoros o alcanzar metas, y su razonamiento es inusual para mí. Aunque yo dudo en seguirle, en más de una ocasión nos lleva a conseguir esos tesoros, y todo porque su pensamiento de niño venció a mi lógica de adulto.

Creo que muchas veces *para obtener el tesoro que buscamos debemos dejar la lógica de lo que es posible, y abrirnos a la posibilidad de que se puede alcanzar lo imposible.*

ESTRATEGIA

Cambiar de estrategia también requiere el valor de intentar algo que nunca habías intentado.

Una de las mayores expresiones de valor es creer tanto en tu destino, que el miedo a fracasar no detenga tu caminar. Porque es en el fracaso que aprendemos grandes lecciones que nos permiten ajustar nuestros pasos, pero si nunca fracasas, ¿cómo puedes arreglar lo que no te permite volar?

Uno de los libros en los que más he disfrutado trabajar es un libro de Laura Teme, titulado *Conviértete en un éxito fracasando*[8] porque es en el fracaso que aprendo los ingredientes necesarios para llegar al éxito. Date la oportunidad de fracasar, ya que esa será la mejor forma de mejorar.

Necesitas convertirte en un maestro de la estrategia, ya que la vida aunque hermosa, rápido se agota, y de repente al final comenzamos a anhelar todo lo que en nuestros días podíamos alcanzar.

Sé valiente en la búsqueda de tu vida, sé valiente en la escritura de tus días, sé valiente en la persecución de tus sueños, no importa los obstáculos a enfrentar o las

---

8. Whitaker House Español, 2020.

opiniones que los demás puedan dar. Al llegar al final de tus días, solo tú serás responsable por lo que hiciste con tantos amaneceres.

Crear una estrategia es creer, con todas mis fuerzas, que lo que puedo imaginar se puede convertir en realidad.

ESTRATEGIA

1. ¿SON MIS SUEÑOS LO SUFICIENTEMENTE IMPORTANTES COMO PARA LUCHAR POR ELLOS?

   _____
   _____
   _____
   _____

2. ¿SOY CONSCIENTE DE QUE AL DESARROLLAR UNA ESTRATEGIA LE ESTOY DANDO A MIS SUEÑOS Y ANHELOS LA POSIBILIDAD DE CONVERTIRSE EN REALIDAD?

   _____
   _____
   _____
   _____
   _____

3. ¿QUÉ ESTRATEGIAS NECESITO DISEÑAR PARA MIS SUEÑOS O METAS ALCANZAR?

   _____
   _____
   _____
   _____
   _____

EL PUENTE

4. ¿EN DÓNDE ME ENCUENTRO CON RELACIÓN A MIS METAS?

___

5. ¿QUÉ PASOS DEBO TENER EN MENTE PARA PODER CRUZAR EL PUENTE DE LA POSIBILIDAD A LA REALIDAD?

___

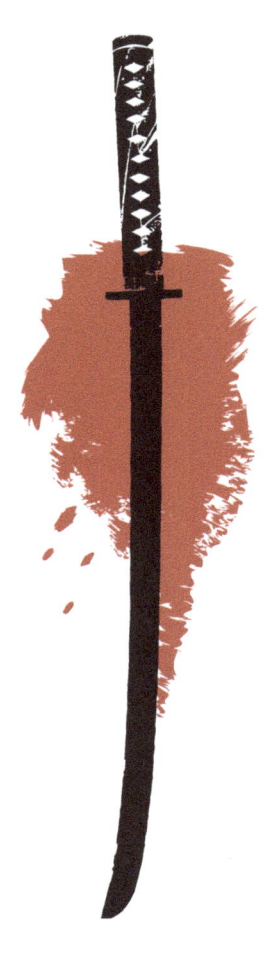

> CUANDO LAS NUBES SE DESPEJAN,
> LAS CIMAS SE APRECIAN.
>
> — XAVIER CORNEJO

CLARIDAD

"La claridad nos da el valor de manejar las oportunidades, en vez de permitir que las oportunidades nos manejen a nosotros."
— **MICHAEL HYATT**

¿A dónde quiero llegar y cómo lo voy a alcanzar?

Esta es una de las preguntas que más claridad ha traído a mi vida. Una de las principales razones por las que no alcanzamos lo que anhelamos es porque lamentablemente nuestros sueños no son claros. La mayoría de nosotros sabemos que queremos algo mejor, pero no tenemos la capacidad para describirlo con claridad.

"No se puede ir en la realidad a ninguna parte que primero no se haya visitado en la imaginación." Cuando escuché a mi amigo y mentor, el Dr. Dale Bronner, hablar sobre esto, mi mente se puso a volar. La imaginación no solamente nos invita a soñar, sino que tiene la función de iluminar el puente que debemos cruzar.

Me encontraba en Atlanta en una conferencia que se titulaba "Re-imaginar" y uno de los oradores citó esta gran verdad: "El poder de definir es el poder de determinar destino" (I.V. Hilliard). Tomarse el tiempo de definir lo que se quiere elimina los desvíos que no se quieren.

La claridad de pensamiento hace posible la claridad de planeamiento. La claridad es la vela que desafiará nuestro caminar, y definirá los pasos a tomar. Es el faro que ilumina nuestros pasos. Como decía Anne Frank: "Mira cómo una simple vela puede desafiar y definir la oscuridad."

Las decisiones determinan destino, pero si no sé a dónde ir, cualquier camino me lleva ahí. Las mejores decisiones que puedo tomar son aquellas que me llevan al lugar al que tanto anhelo llegar. Pero si no sé exactamente el lugar, me puedo perder en el paisaje sin nunca llegar al final del viaje.

Un puente es un lugar de conexión entre dos destinos, entre dos lugares. Es el lugar que conecta quien soy con quien quiero ser y lo que quiero hacer. Para poder cruzar el puente hacia nuestros sueños necesitamos claridad para el sendero. Necesito saber con exactitud a dónde quiero llegar para saber qué puente debo cruzar.

En meses pasados estuve en las oficinas de nuestra autora Sonia Luna. Las oficinas y todo lo que han construido con su esposo es fascinante. Estoy seguro de que solo mentes brillantes que se rodean de equipos brillantes pueden alcanzar lo que ellos han alcanzado. Una de las cosas que aprendí mientras estaba ahí fue su intencionalidad con la iluminación. Me comentaban que a través de cómo se ilumina cada parte de su edificio, se va guiando a las personas a los lugares a donde deben ir; la intensidad de las luces va marcando el camino hacia donde las personas deben caminar.

Eso es la *claridad: es la luz que ilumina el camino por el cual debo caminar si al éxito quiero llegar. El definir con claridad es iluminar mi caminar, es el aire que necesito respirar para la cima poder alcanzar.* La claridad me permite desarrollar una mejor estrategia para lo que quiero lograr. Tener claridad me permite ser intencional con mis pasos porque ahora sé a dónde caminar y me da ideas de cómo lo voy a lograr.

EL PUENTE

CUANDO LAS NUBES SE DESPEJAN, LAS CIMAS SE APRECIAN.

El horizonte se disfruta más cuando más despejado está el cielo. La claridad disipa las nubes que no me permiten imaginar mi futuro.

Hay una carretera que lleva de Cuenca a Guayaquil en Ecuador. Tiene algunos de los paisajes más hermosos que he podido disfrutar. Al comenzar ese viaje se pasa por un parque nacional que se llama El Cajas, un lugar hermoso, lleno de lagunas. Cada escena que ahí se mira es más linda que la anterior. En verdad tiene paisajes que me dejan sin aliento, paisajes que me invitan a soñar y a imaginar.

En ese camino por las montañas hacia la costa, cuando está despejado se puede ver el Chimborazo, un volcán inactivo de 6,263 metros de altura y no solo eso; la cima del Chimborazo es el punto más lejano contado desde el centro de la tierra. Observar esta maravilla desde esa vía es posible tan solo cuando está despejado.

Lo mismo sucede con nuestras metas; tan solo puedes ver la cima de ese maravilloso lugar cuando tu visión está despejada y tienes claridad de pensamiento. *Cuando las nubes se despejan, las cimas se aprecian.* La claridad nos abre el entendimiento, nos muestra el momento. La claridad tiene la cualidad de alumbrar el destino.

Una de las razones por las cuales no alcanzamos lo que queremos es porque no tenemos la claridad del lugar al cual queremos llegar. La falta de claridad nubla mi imaginar y dificulta mi caminar.

LA CLARIDAD NOS MUESTRA EL CAMINO

Mientras me encontraba en Cuenca, mi hermosa ciudad natal, presentando mi libro *La historia dentro de ti*, tuve la oportunidad de reunirme por unas horas con mi primo Francisco. Él tiene una historia fascinante que me habla del poder de la claridad de lo que anhelamos para llegar a donde queremos.

En el año 2015 Francisco se fue a estudiar en Australia con su esposa Daniela y sus hijos Juan Daniel y Tomás, quienes tenían 3 años y 1 año respectivamente. En ese momento él tenía un excelente trabajo como gerente de *marketing* de una empresa reconocida a nivel mundial.

Sin embargo, él tenía claridad de lo que quería: estudiar una maestría. Había recibido una beca y podía elegir entre las mejores universidades del mundo en esa carrera.

Después de analizar todas las opciones decidió ir a estudiar en Melbourne, Australia, probablemente el lugar más lejano a Cuenca, Ecuador.

Su claridad en lo que quería alcanzar le ayudó a decidir qué camino tomar, y más que eso, le dio el valor para volar a ese lugar. *Esa es la función de la claridad; no solo ilumina el lugar, también nos muestra el camino a tomar y nos da el valor para volar.* Su historia mientras estuvo allá es inspiradora: lo que tuvo que superar, la manera en que tuvo que luchar para que su familia pudiera prosperar. Estoy seguro de que algún día él escribirá esa historia.

No solamente se graduó con distinciones de su maestría en comunicación. Lanzó su agencia de *marketing* digital, la cual trabaja con varias marcas reconocidas, y con su esposa Daniela (quien tuvo la idea) empezaron una *aplicación* que ayuda a padres y madres a conectarse mejor con sus hijos.

La *aplicación* se llama *Storybook*;[9] mientras termino de escribir este libro tiene ya más de medio millón de descargas. Tiene cuentos para los niños e instruye a los padres en cómo dar masajes a los niños para que se relajen,

---

9. Para más información, ir a https://web.storybook-app.com/.

para que duerman mejor, entre muchos otros beneficios. Sobre todas las cosas, propicia que exista un tiempo de calidad donde los niños se conecten con sus padres y viceversa. Por eso cuando me invitó a su casa para enseñarme herramientas de *marketing* digital, cómo funcionan y estrategias que debería aprovechar, era una invitación que no podía rechazar. Mientras me enseñaba, me preguntó si había pensado quién sería mi audiencia para el libro.

Más allá de eso, me dijo que la mejor manera de saber la mejor estrategia para promover el libro provendría de pensar en cómo sería la persona que lo leería, en qué trabajaría, qué estudiaría, dónde viviría, cuántos años tendría. Es más, me dijo que debería imaginar con tanto detalle que hasta debería nombrar a la persona; así tendría la claridad que necesito. Me comentó que este concepto se llama *buyer-persona*.

Las empresas que están empezando, o que no quieren o no pueden gastar mucho dinero en investigación de mercado, utilizan este sistema antes de lanzarse al vacío, y así pueden saber qué estrategia utilizar o dónde promocionar. De esa manera se reduce el desperdicio y se puede utilizar mejor el presupuesto. Me explicó que hacer esto nos permite hacer tangible lo abstracto, ir de lo general a lo concreto.

De eso se trata la claridad: de poder ver la meta de forma concreta. Muchos de nosotros tenemos metas, hay cosas que queremos lograr, pero la pregunta es: ¿las podemos describir de manera concreta? ¿O están ahí en nuestra mente como cosas abstractas sin definir?

Muchas veces desperdiciamos días, meses y años simplemente por la falta de claridad de lo que en verdad deseamos. Hablamos en abstractos en vez de absolutos, decimos cosas como "quiero bajar de peso" y lo dejamos ahí porque nunca las definimos.

Definir lo que quieres te da el poder para perseguirlo, pero sobre todo te da fortaleza para conseguirlo. Si no lo puedes ver claramente, nunca lo vas a perseguir correctamente porque nunca sabrás qué puente cruzar para tu meta alcanzar.

He oído decir que un problema bien definido es un problema medio resuelto. Me encantaría poder decir que esa realidad también es verdad en las metas a alcanzar y aunque definir claramente la meta no es tenerla medio resuelta, sí es un paso imprescindible para hacerla posible.

CLARIDAD

Una noche mientras escuchaba la inspiradora entrevista que Erwin McManus le realizaba a Jerry Lorenzo, fundador y diseñador de una de mis marcas favoritas, *Fear of God*, el tema era la creatividad en tiempos de crisis. Uno de los conceptos más interesantes que Jerry compartió fue "cuando la visión es clara, las decisiones son fáciles". Porque cuando sabes exactamente a dónde quieres ir, sabes el camino que debes elegir, y sabes de qué puente no puedes prescindir.

Y en la misma entrevista Erwin concluyó diciendo esto: "Lo más poderoso que puedes tener es una imagen clara del futuro que Dios quiere que tú construyas". *No basta tener una imagen vaga; el poder viene de que sea una imagen clara. Para una meta alcanzar es necesario tener claridad al empezar.* La claridad define el camino a tomar para los sueños alcanzar.

EL PUENTE

PREGUNTAS

1. ¿A DÓNDE QUIERO LLEGAR?

   _____
   _____
   _____

2. ¿PUEDO DEFINIR CON CLARIDAD LO QUE QUIERO ALCANZAR?

   _____
   _____
   _____

3. ¿PUEDO SER MÁS ESPECÍFICO DE LO QUE FUI EN LAS RESPUESTAS A LAS DOS PREGUNTAS ANTERIORES?

   _____
   _____
   _____

4. AHORA QUE SÉ A DÓNDE QUIERO LLEGAR, ¿QUÉ DECISIONES DEBO TOMAR?

   _____
   _____

5. YA QUE TENGO CLARIDAD, ¿PUEDO VER QUÉ CAMINO DEBO TOMAR?

   _____
   _____

3

PERSONAS

"Imagina lo que sería si los tigres pudieran aprender a moverse juntos, si los tigres decidieran mantenerse hombro con hombro y participar en la batalla como una sola tribu".

— ERWIN RAPHAEL MC MANUS

Existe una frase que dice "si quieres llegar rápido ve solo, si quieres llegar lejos ve acompañado". Aunque me gusta cómo suena la frase y entiendo el significado, no estoy de acuerdo con la misma. Para mí *la forma más rápida de cruzar el puente es acompañado.* Cruzar el puente hacia nuestras metas y sueños requiere de personas que caminen con nosotros, que nos levanten cuando caemos, que nos animen cuando no tenemos fuerzas. Algunas veces serán ellos quienes nos levantarán y otras veces seremos nosotros los que levantemos a los demás.

EL PUENTE

La belleza de esta vida está en saber que, aunque hay personas que quieren que caigamos, hay muchas que quieren que lo consigamos. Quizás se puede ganar una pequeña batalla solo, pero *para ganar una gran guerra se requiere de un ejército.*

Los ejércitos no simplemente ganan guerras por la cantidad de soldados que tienen; ganan guerras por lo que cada soldado aporta a ese ejército, con su habilidad y en unidad. Su habilidad hace que aporte con sus dones y sus talentos, con su manera de pensar, con su forma de ejecutar.

La unidad genera lealtad. Antes de que alguien quiera luchar a tu lado y por ti, primero debe existir unidad, amistad, lealtad. Antes de salir a pelear, te debes relacionar. No me ocurre con mucha frecuencia, pero un día me levanté en mitad de la noche y había una sola oración en mi mente. Era algo que estaba quemando en mi corazón, pero es una verdad que me ha abierto muchas puertas y me ha ayudado a cruzar el puente; simplemente esto era lo que estaba en mi mente: *"Para correr unidos hacia un sueño, primero debemos caminar juntos hacia una misión".*

Lo que esto me enseñó es que para que podamos correr hacia nuestros sueños necesitamos personas que caminen con nosotros hacia nuestra misión, pero que nosotros caminemos también con ellos hacia su misión. Estoy convencido de que al final del camino las dos misiones convergerán en un lugar que se llama sueños alcanzados.

Por esa razón no me sorprendí cuando encontré estas líneas en el libro *Activate Your Brain* (*Activa tu cerebro*) de Scott G. Halford[10]:

> Muchos estudios nos han demostrado que somos más inteligentes cuando estamos con otras personas. Los equipos alcanzan mejores resultados que cualquier experto trabajando por su cuenta en cualquier campo. Claramente debemos colaborar con otras personas. Trabajar con otros no debería sentirse como una tarea, ya que no solamente incrementa nuestra productividad, sino que también nos trae alegría.
>
> Cuando alcanzamos una meta en conjunto, sentimos más gozo y más felicidad que si la hubiéramos

---

10. *Activate Your Brain: How Understanding Your Brain Can Improve Your Work and Your Life*, Scott G. Halford, Mayo 5, 2015, Greenleaf Book Group Press. Traducción libre del autor.

alcanzado solos. Esto se debe a que cuando estamos con otros, nuestros niveles de oxitocina incrementan. Gozo compartido es gozo multiplicado.

De algunos estudios podemos conocer que el trabajo coactivo- lo cual únicamente quiere decir trabajar en la misma oficina en proyectos independientes, pero compartiendo información – incrementa la felicidad y la productividad. Sin embargo, los mejores resultados son aquellos alcanzados por trabajo de interacción, eso quiere decir, personas trabajando juntas hacia una meta en común.

No importa si el objetivo es personal o si es un objetivo organizacional, en ambos casos se requiere un ejército, personas leales que estén dispuestas a luchar por ti y por las cuales tú también estés dispuesto a luchar y dar tu vida por ellas.

No existe un vínculo más fuerte que aquel de quien está dispuesto a dar su vida para que tú alcances lo que quieres alcanzar. Y el mejor regalo para esa persona es que tú estés dispuesto a hacer lo mismo. Esto me recuerda las palabras de Edwin Louis Cole: "Héroes son personas que actúan en un momento por una necesidad mayor que ellos mismos".

La medida de tu vida será evaluada por la cantidad de personas que ayudaste en la escalada. Si al final de tus días llegaste solo al otro lado del puente, desperdiciaste tu vida. La alegría proviene de compartir tu vida. La tristeza muchas veces no es más que el alma buscando con quién compartir sus días.

Se me hace importante aclarar que caminar en unidad no significa que no habrá desacuerdos. De cierta forma, los desacuerdos enriquecen nuestra manera de pensar porque tenemos la tendencia a pensar que el único punto de vista válido es el nuestro, y los desacuerdos nos llevan a ver cómo los otros entienden lo que vemos nosotros. No quiere decir que tu punto de vista esté equivocado; solo quiere decir que tu capacidad de ver y entender necesita crecer.

Siempre hay algo diferente que aprender, y ese saber nos hace crecer. También es importante aclarar que, si bien tendremos desacuerdos a lo largo del camino, no tengamos desacuerdos hacia el lugar de destino. Cuando existen desacuerdos hacia el lugar de destino quizás es momento de que cada uno emprenda su camino.

Encuentra con quién caminar en esta vida y con quién compartir cada paso del camino, porque cuando se camina hacia sueños grandes muchas veces nos sentiremos cansados o frustrados, y es en esos momentos que las personas a nuestro lado nos animan y nos levantan. Personas que creen en nosotros son un tesoro que debemos valorar, y algo que puede acelerar nuestros pasos hacia nuestros sueños es cuando nosotros somos el tesoro que alguien más necesita para caminar.

Hay muchas personas que no saben dónde encontrar estos tesoros y generalmente la única razón es porque ellos no se han convertido en un tesoro para los demás. *No vales más por lo que tienes, vales más por lo que das.* Nunca alcanzarás tus sueños, y jamás escribirás tu historia si en todo lo que piensas es en cómo tú vas a ganar en esta relación.

SI PUEDES CRUZAR EL PUENTE A TUS SUEÑOS TÚ SOLO, TUS SUEÑOS SON DEMASIADO PEQUEÑOS.

Grandes sueños se alcanzan con grandes amigos que caminan a nuestro lado. Con esta idea en mente, Walter

PERSONAS

Isaacson escribe en su libro *Los Innovadores (The Innovators)*[11]:

> La cultura pop nos ha hecho pensar que el ser un genio es dominio de lobos solitarios que logran grandes descubrimientos apartándose del mundo y sumergiéndose en teorías y en experimentos extravagantes. Aunque suena como una idea romántica, este mito no es real acerca de cómo se da la innovación.
>
> La innovación es hija de la colaboración. Incluso los innovadores más introvertidos tuvieron alguien que los animó, fueron nutridos por un círculo de amigos y de mentes creativas que les ayudaron a alcanzar los descubrimientos que aseguraron sus grandes legados.

El libro, además de recordarnos a Steve Jobs y a Bill Gates, hace referencia a Ada Lovelace, la hija de Lord Byron, una pionera de la programación informática en la década de 1840, y extraordinarias personas que crearon la revolución digital que nos rodea como Larry

---

11. *The Innovators, How a Group of Hackers, Geniuses, and Geeks Created the Digital Revolution*, Walter Issacson, Octubre 6, 2015, Simon & Schuster. Cita incluida es traducción libre del autor.

Page, cofundador de Google; Robert Noyce, "Alcalde de Silicon Valley", cofundador de Intel y creador del microchip; y Tim Berners-Lee, inventor de World Wide Web, entre otros.

LAS PERSONAS NOS CONECTAN CON EL FUTURO

También se necesitan guías que nos señalen el camino; personas que creen en nosotros, pero que han caminado más que nosotros. Siempre necesitas tener personas a las cuales admirar. *Nunca pienses que lo sabes todo porque ese es el comienzo de no saber nada. Si tienes claridad en lo que quieres alcanzar tendrás claridad de a quien necesitas en tu caminar.*

Muchas veces son las personas las que nos abren las puertas, aunque seamos nosotros mismos quienes tenemos que caminar. No muchas personas saben mi historia acerca de cómo terminé en Whitaker House, no porque sea algo secreto; simplemente no es algo que me pregunten a menudo. Sin embargo, la respuesta de cómo alguien de Cuenca, Ecuador terminó dirigiendo la división en español de una editorial con base en Pittsburgh, Pennsylvania es ¡personas!

PERSONAS

Joann Webster es el nombre de la persona que me abrió la puerta hacia Whitaker House. Conocí a Joann a través de su hermano Paul Cole y las conexiones con personas van más atrás que esto, pero empezaré la historia desde aquí. Joann dirigía una editorial llamada *Watercolor Books* que publicaba los libros del reconocido escritor Edwin Louis Cole.

Cuando empecé a publicar libros en Ecuador, decidí visitar a Joann para entender un poco más su visión y buscar nuevas oportunidades para los libros. Para mi sorpresa, ya que es una persona tan ocupada, Joann me atendió de la mejor manera y hablamos por horas. Ella se convirtió en mi mentora de cómo funciona el mundo editorial. En ese momento me parecía que ella lo sabía todo y yo no sabía nada; fue muy amable en enseñarme el funcionamiento de la industria.

Trabajé con Joann durante muchos años, hasta que un día recibí una llamada de ella donde me informaba que los libros de Edwin Louis Cole ahora serían publicados por Whitaker House, y eso incluía los títulos en español. Pausó por unos pocos segundos y luego me dijo lo siguiente. "Whitaker House está buscando a alguien que les pueda ayudar en español. Bob me preguntó si conocía a alguien y le dije que sí", continuó diciendo. "Le dije que tú serías la persona ideal", agregó.

Luego siguió diciendo que en las próximas semanas organizarían una reunión en Pittsburgh y que yo debería estar ahí. Fui a esa reunión, la cual terminó siendo mi entrevista para la posición, y el mismo día me dijeron que querían contar conmigo.

No fueron solo mis dones y mis habilidades los que me conectaron con el futuro; fueron las personas a mi alrededor quienes me abrieron la puerta.

LAS PERSONAS DAN ESTRATEGIAS

De la misma manera en la película de Creed II, no fue Creed quien supo cómo enfrentar la batalla; fue Rocky quien vio lo que Creed necesitaría para ganar. Las personas a nuestro alrededor muchas veces pueden ver lo que necesitamos para ganar. Creed tenía el talento, pero no la estrategia, y aunque Rocky le dio la estrategia, él tuvo que luchar la batalla. Hay personas que nos pueden señalar hacia el puente, pero somos nosotros quienes debemos caminar.

PERSONAS

Necesitas tener personas a quienes les puedas pedir consejo cuando no sepas hacia dónde caminar, ni cómo abrazar la estrategia para ganar. Todos debemos tener siempre alguien a quién preguntar. En la historia de Josué, es Dios quien le da la estrategia para ganar.

Sin importar tu caminar, ni tus creencias, si tus sueños son importantes y no sabes qué paso dar, te invito a hablar con Dios. Toma unos minutos y pide sabiduría para tu caminar y tus metas alcanzar. En la carta de Santiago (1:5), encuentro las siguientes palabras: *"Si necesitan sabiduría, pídansela a nuestro generoso Dios, y él se la dará"*.

La estrategia con la cual Josué triunfó fue una estrategia un poco inusual: atacar una ciudad amurallada. El mismo Sun Tzu, uno de los mayores estrategas que jamás haya existido, dice lo siguiente:

> El costo de mantener un ejército es demasiado caro. Un ejército de 100,000 soldados puede costar 1.000 onzas de plata al día en provisiones como comida, carruajes, lanzas, flechas, armadura y animales. Las guerras largas pueden acabar

con los recursos de cualquier estado, dejándolo débil y vulnerable.

Por ello, apunta a tener batallas que sean rápidas y decisivas y no campañas prolongadas. Evita ciudades amuralladas, ya que se requiere meses de preparación, y demasiados generales impacientes emplearán mal a sus tropas en ataques sin sentido.[12]

Sin embargo, a Josué no le tomó meses de preparación. Tan solo le tomó siete días conquistar aquella ciudad, porque cuando Dios está en la ecuación no hay meta que no puedas alcanzar, sueño que no puedas cumplir, mar que no puedas navegar, cima que no puedas escalar y batalla que no puedas ganar. *Cuando la sabiduría de Dios está presente, todo es diferente y nada es imposible.* Para ganar necesitas toda la sabiduría que puedas acumular. Date una oportunidad para ganar.

¿QUIÉN CAMINA CONMIGO?

Uno de los tesoros más grandes que tengo en mi vida no son solo personas que me muestran el camino, sino

---

12. *The Art of War,* Clearbridge Publishing; Cuarta Edición (Julio 2, 2014).

personas valientes que me abren caminos. Así como hay personas que nos abren camino, nosotros *debemos tener el valor de caminar el camino; ese es el valor que se requiere para alcanzar nuestro destino.*

Tu valor puede iluminar tu caminar, y por sobre todas las cosas tu valor puede inspirar a otros a caminar. *Lo más importante de alcanzar un sueño no es que yo sea más, es que cada persona pueda ser más debido a mis sueños.*

Así que la pregunta clave es: ¿quién camina conmigo? Es probable que si nadie está caminando contigo es porque tú has decidido no caminar con nadie. *Cuando tú eres una luz para los demás, los demás son una luz para ti.*

Otra pregunta importante es: ¿quién inspira y guía tu vida? *Quien te inspira, te motiva, y tú motivas a quienes tú inspiras.* Que siempre exista en ti el deseo genuino de ayudar a los demás, de inspirar a los demás y sobre todas las cosas, de servir a los demás. Solo así crearás el impacto que anhelas alcanzar.

Una de las mayores enseñanzas que he recibido de Dale Bronner[13] es esta: el ingreso siempre sigue al impacto; el

---

13. Autor de *Cambie su trayectoria* y *Principios y poder de la sabiduría*, Whitaker House 2016 y 2018, respectivamente.

ingreso que uno recibe en todas las áreas sigue al impacto. Cuantas más personas sean impactadas con lo que haces, mayor será tu ingreso y no solo eso: mayor será tu influencia. Mientras a más personas sirva lo que tú haces, más grande será lo que tú haces. *Mientras más personas se beneficien de lo que tú creas, más grande será lo que creas.*

Es por eso que cuando una canción les gusta a más personas, más personas siguen al artista que la canta. Mientras más personas sean impactadas por lo que haces, más influencia tendrás.

El cruzar el puente hacia tus sueños tiene que ver con el impacto que harás en el mundo. No conozco a nadie que haya impactado el mundo cuando hizo cosas que solo le beneficiarían a sí mismo. *La grandeza de una vida no se mide por la altura de sus logros, sino por la profundidad de sus huellas. Huellas que otros podrán seguir.*

Estoy convencido de que uno de nuestros mayores legados al mundo no son nuestros triunfos, son nuestras huellas, aquel lugar por el cual otros pueden caminar y sus propios sueños alcanzar. Las huellas que tú dejas

PERSONAS

forjarán el camino por el cual otras personas llegarán a su destino.

¿Las huellas de quién estás siguiendo y, más importante aún, qué huellas estás dejando?

Tu vida no fue hecha solo para que tú llegues a tu destino. Una gran vida fue hecha para ayudar a otros a encontrar su camino y alcanzar su destino.

EL PUENTE

1. ¿A QUIÉN O QUIÉNES NECESITO PARA ALCANZAR MI SUEÑO?

2. ¿QUIÉN INSPIRA Y GUÍA MI VIDA?

3. ¿POR QUIÉN ESTOY DISPUESTO A LUCHAR? ¿QUIÉN ESTÁ DISPUESTO A LUCHAR CONMIGO?

4. ¿QUIÉN O QUIÉNES TIENEN INFORMACIÓN QUE ME PODRÍA AYUDAR A ALCANZAR TODO AQUELLO QUE ANHELO LOGRAR?

5. ¿QUIÉN ME PUEDE DAR UN CONSEJO QUE ME ACERQUE A MIS SUEÑOS? ¿SE LO HE PEDIDO?

4

PLANIFICACIÓN

"Planificar, calcular y comparar ejércitos nos guía a la victoria".

— SUN TZU

Un sábado por la tarde, me encontraba jugando con Lucas. Se le había dado en días pasados por empezar a dibujar animales imaginarios en tarjetas de cartulina, y luego cada animal tenía un nombre diferente y poderes diferentes, y podíamos hacer que pelearan entre ellos. Él tenía una caja de cartón blanca donde llevaba esas tarjetas a todos lados, pero este día él quería que yo dibujara mis propias tarjetas para que pudieran competir con las de él.

Si me conoces, sabes que dibujar está en el lado opuesto de mis habilidades. No solo dibujar, escribir a mano es peor que la letra de un niño que está intentando escribir por primera vez. Por eso trato de mantenerme lo más alejado posible de tener que escribir a mano y mucho menos dibujar, así que busqué una excusa y le dije que no tenía la creatividad para hacerlo (no quería admitir mi debilidad delante de mi hijo).

Me miró con mucha picardía con sus grandes ojos azules bien abiertos y me dijo: "Papá, lo que se te venga a la mente". Le respondí que no se me venía nada a la mente. Pensé que de esa manera me libraría de tener que hacerlo, entonces rápidamente él me preguntó: "Papá, tú escribes libros, ¿verdad?". Le respondí que sí y su respuesta inmediata fue: "Usa la misma creatividad que usas para escribir libros, solo que, en vez de escribir, ¡dibujas!"

Ante su respuesta empecé inmediatamente a dibujar mis personajes. Me sorprendió lo rápido que lo pensó, y aunque dibujar y escribir son dos cosas diferentes, él utilizó la creatividad como conexión, y no me permitió pensar que yo no podría hacerlo por falta de creatividad. Lo sorprendente de esto es cuán rápido su mente planificó su respuesta para que yo pudiera alcanzar la meta que él tenía para mí.

PLANIFICACIÓN

Cuando tenemos claro el lugar al cual queremos llegar o la meta que queremos alcanzar, y tenemos personas que nos pueden guiar o ayudar, es tiempo de empezar a planificar.

Para mí la planificación no es más que *ideas enfocadas para alcanzar la meta deseada*. Preguntas como, ¿Qué pasos debo tomar para cruzar el puente hacia el lugar que quiero llegar? ¿Qué puedo hacer para ir desde donde estoy hacia donde quiero ir?, nos ayudan a enfocar la mente en soluciones y no en situaciones. ¿Cómo pensar para planificar?

GENERAR IDEAS, IMAGINAR Y SOÑAR

En la planificación lo más importante es la producción de ideas. Cuando empieces a planificar no descartes ninguna idea, porque nunca sabrás a dónde esa idea te puede llevar, o cómo se conectará con una idea futura. Al comenzar, solo empieza a imaginar, a pensar, a soñar. De repente te darás cuenta de cómo esas ideas empiezan a dar forma al camino o a los caminos. Estoy convencido de que hay más de un camino que nos lleva al puente hacia nuestro destino; no existe solo una forma exacta de llegar.

EL PUENTE

Es por eso por lo que no debes descartar ninguna idea cuando estás planificando cómo cruzar el puente a tu destino, porque algunas veces son las ideas no transitadas las que nos llevan a la tierra imaginada. Cuando se trata de la batalla por tus metas, cada idea pensada es como tener un arma afilada, y nunca sabes qué arma, qué movimiento o qué momento definirá la batalla.

Cuando piensas en tus metas, ¿qué ideas tienes sobre cómo alcanzarlas? Generar ideas es acumular riquezas, una riqueza que te ayudará a alcanzar la grandeza. Genera la mayor cantidad de ideas posibles sobre cómo caminar, cómo cruzar, ideas sobre qué puentes caminar y qué puentes evitar. *Tan importante como cruzar el puente adecuado es evitar el puente equivocado.*

Una vez que generes ideas, anota las ideas. Cuando las escribas empezarás a encontrar maravillas. A veces las ideas son como un rompecabezas; cada una es una pequeña ficha, pero una vez que las juntas y pones cada una en el lugar adecuado, podrás ver el hermoso cuadro del paisaje que te ayuda a completar este viaje.

El conectar ideas que tuviste en algún momento con ideas de otro momento puede ser una combinación

PLANIFICACIÓN

explosiva que te llevará a tener una vida sorpresiva. Así también conectar tus ideas con las ideas de otros puede acelerar la velocidad para tus metas alcanzar. *Piensa ideas, conecta ideas y prepara un plan de acción de las ideas.*

Atesorar tus ideas es una de las mejores inversiones que puedes conservar. Nunca descartes el potencial de una idea; nunca sabes cuándo podrías necesitar lo que en tu mente debes atesorar. Siempre anoto mis ideas en las notas de mi teléfono y a pesar de los años, muchas veces las respuestas que necesito en mi presente las encuentro en mis pensamientos pasados.

Hoy quiero que pienses con libertad, creyendo que todo es posible, que se puede cruzar el puente hacia tus metas, que por hoy ninguna idea es inválida; para planificar necesitas todas las ideas que te puedan llegar. Rory Sutherland, en su libro *Alchemy*[14], nos invita a pensar de manera diferente desde perspectivas diferentes; su libro cambió mi manera de pensar en muchas maneras.

---

14. *Alchemy: The Dark Art and Curious Science of Creating Magic in Brands, Business, and Life*, William Morrow (May 7, 2019), traducción libre del autor..

Él dice: "Si intentamos librarnos de la camisa de fuerza de lo racional y empezamos a entretener posibilidades ilógicas, es posible que nos tropecemos con nuestras ideas más creativas". Continúa diciendo: "Recuerda que, si existiera una respuesta lógica al problema que estás tratando de resolver, probablemente ya la habrías encontrado". Quizás la idea que necesitas está en un camino que evitas. Algunas veces la lógica puede ser el límite de la grandeza.

NO HAY LÍMITES EN PENSAR

Existen diversos estudios acerca de cuántos pensamientos una persona tiene al día. De acuerdo con la Fundación Nacional de Ciencias, una persona promedio tiene entre 12.000 y 60.000 pensamientos por día, pero el problema es que de esa cantidad el 80% son pensamientos negativos, y el 95% son pensamientos que repetimos del día anterior.[15] Muchas veces son esos pensamientos negativos los que no nos permiten pensar en el plan adecuado para llegar al lugar soñado. La buena noticia es que el 97% de esos pensamientos negativos o

---

15. Consulta en línea: https://faithhopeandpsychology.wordpress.com/2012/03/02/80-of-thoughts-are-negative-95-are-repetitive/

PLANIFICACIÓN

preocupaciones carecen de base y son resultado de una percepción pesimista sin fundamento.[16]

En adición, el Laboratorio de Neuro Imágenes en la Universidad de Southern California nos dice que tenemos 48.6 pensamientos por minuto, con un promedio de 70.000 pensamientos por día.[17] *¡Cuán poderoso puede ser tu plan si pones tu mente a trabajar y tu imaginación a volar!*

En la historia que conté de Lucas él sabía la meta que él tenía para mí, y su mente pensó el plan que yo debía seguir para poder dibujar. Su plan fue: "utiliza la misma creatividad que usas para escribir libros". Cuando piensas en tus metas, ¿qué planes puedes seguir? ¿Qué creatividad usas en otras áreas que te puede ayudar a pensar en cómo llegar?

Para llegar a un plan debemos enfocar nuestras ideas, saber qué pasos dar, y qué caminos tomar. *Nadie va a la batalla sin pensar qué armas utilizar, ni qué estrategia ejecutar*, porque al no hacerlo, no estaría marchando hacia la guerra; estaría caminando hacia una masacre. Pensar

---

16. Consulta en línea: https://tlexinstitute.com/how-to-effortlessly-have-more-positive-thoughts/, Leahy, 2005, estudio de la Universidad de Cornell.
17. Consulta en línea. http://www.loni.usc.edu/; https://www.reference.com/world-view/many-thoughts-per-minute-cb7fcf22ebbf8466

sobre nuestro futuro debe ser igual: *la batalla por tus más grandes anhelos se merece ser peleada y planificada con todas tus fuerzas y con todo tu esfuerzo.*

La raíz etimológica de la palabra idea es "ver". Las ideas nos ayudan a ver la posibilidad para planificar cómo convertirla en realidad. *Una idea debe inspeccionar el pasado, inspirar el presente e inventar el futuro.*

DESCUBRE DÓNDE TU IMAGINACIÓN SE ENCIENDE

Estoy convencido de que generar ideas es mejor que tan solo tener ideas. La diferencia es que generalmente una idea aparece en un instante, pero el generar ideas puede ser constante. Frecuentemente buscamos las ideas en un instante de dificultad, ya que la dificultad le abre la puerta a la creatividad, y la creatividad es la que invita a pasar a la oportunidad. Pero ¿por qué esperar hasta tener una dificultad para empezar a pensar?

Quiero que seamos conscientes de que podemos generar ideas constantemente y no solo esporádicamente. Todos tenemos lugares donde la imaginación se enciende y las ideas trascienden; existen momentos que no solo se respiran, sino que nos inspiran, ¿Cuáles son esos

PLANIFICACIÓN

momentos para ti? ¿Has logrado identificar en qué momentos o qué lugares encienden tu imaginación? El poder identificarlos te ayudará a tener las ideas necesarias para saber cómo cruzar el puente.

Me encontraba planificando el lanzamiento del libro *Mujer, sueña* de Omayra Font, una de nuestras autoras más exitosas. Mientras conversábamos, ella me comentaba sobre ese lugar y momento para pensar y planificar, y cómo lo crea. Cuando un libro le impacta, ella lo compra impreso, digital y en audio. Luego escucha los audiolibros cuando sale a correr. Le pregunté si no era mejor escuchar música para correr, a lo cual ella me respondió: "Cuando corro es uno de los momentos en los cuales me dedico a pensar".

Ese es el lugar donde ella genera ideas, y ella crea ese espacio de manera intencional para poder planificar cómo alcanzar todo aquello que puede imaginar. Es un ejemplo de aprovechar el tiempo y reconocer el momento para planificar tu futuro y pensar estrategias.

Todos debemos poder identificar esos momentos que nos invitan a soñar, que nos inspiran a pensar, momentos que despiertan nuestra creatividad. Por ejemplo, hay una película de título *Midnight in Paris* (Medianoche en París) donde Gil Pender, interpretado por el actor Owen Wilson, visita París con la familia de su prometida. Gil está escribiendo una novela, pero no encuentra la inspiración para terminarla, hasta que cada noche después de una cierta hora viaja en tiempo y se encuentra con artistas de otros tiempos como Ernest Hemingway, Pablo Picasso, Gertrude Stein, entre muchos otros. Tener conversaciones con estas personas, más la inspiración natural que evoca París bajo la lluvia con sus tiendas de nostalgia, le inspiran a escribir su libro.

Me encanta el arte de esta película, pero las conversaciones me inspiran. Cuando termino de verla no solo estoy listo para escribir; estoy listo para vivir. Me inspira de tal manera que se me hace fácil generar ideas.

De la misma manera, estoy convencido de que tú tienes películas que te invitan a soñar o libros que te hacen volar, momentos que te ponen a imaginar o música que te invita a crear. Sé intencional en buscar esos momentos. Piensa en todo lo que puedes necesitar para la batalla por tus sueños poder ganar.

PLANIFICACIÓN

Busca intencionalmente generar ideas, busca los lugares donde tu mente tiene la libertad de pensar, de soñar y de imaginar. Cultivar esos momentos te ayudará a generar ideas. Cuando inviertes en generar ideas, conviertes los pensamientos en posibilidades, y las posibilidades siempre se pueden convertir en realidades. Mantén tu mente inspirada para que la batalla pueda ser ganada.

PLANIFICAR CÓMO VOLAR

Planificación es pensar en la acción. El problema es que pasamos la mayoría de nuestros días reaccionando a lo que nos sucede y no planificando lo que en verdad queremos que suceda. *La vida se puede controlar por reacción, pero tan solo se le puede dirigir desde la acción.* No se puede cruzar el puente por accidente, se requiere intencionalidad. *Es mejor mirar al futuro y planificar, que mirar hacia atrás y llorar.*

En la historia que leí de Josué, antes de marchar a la guerra tenían el plan que los llevaría al lugar que querían. El plan era el siguiente: todo el ejército marcharía alrededor de la ciudad durante seis días y el séptimo día marcharían siete veces alrededor de la ciudad. Ese día tocarían trompetas y cuando se escuchara el toque de guerra, todo el pueblo gritaría a voz en cuello, lo cual permitiría que los muros se derrumbaran. Ese era su plan, suena extraño y, sin embargo, funcionó.

Cuando pienses en el plan para alcanzar tus sueños, no descartes ninguna posibilidad. No perdamos más el tiempo pensando en por qué no va a funcionar y empecemos a pensar cómo lo podemos alcanzar.

Para la revancha en la película Creed II, Rocky no cambió la meta; cambió la planificación. Ahora fueron a un desierto a entrenar de manera diferente. Nadie puede negar que Creed entrenó fuerte la primera vez, y, aun así, perdió. Pero la siguiente vez, el mismo talento, el mismo esfuerzo con una planificación diferente, una planificación inteligente fue la diferencia entre ganar y perder. *La pregunta no es si tienes talento para ganar, sino si tienes la inteligencia para tu planificación mejorar.*

Quizás piensas que no tienes los recursos que deseas, pero cuando tienes ideas, tienes todos los recursos que necesitas. Puedes no tener recursos externos, pero tienes todos los recursos internos. Estos son recursos que te ayudan a extender los límites de tu conocimiento; utilízalos para planificar cómo volar.

PLANIFICACIÓN

El mayor tesoro que una persona posee no es lo material; es su potencial. Tus recursos externos siempre serán limitados, pero tus recursos internos son ilimitados. Lo que está en tu mente siempre puede crecer más; el cerebro tiene una capacidad ilimitada, se reconoce como la computadora más poderosa que existe,[18] y es el recurso interno más valioso.

Lo material se obtiene, lo intangible ya está, y es lo que necesitamos para realizar nuestros sueños. Nadie puede utilizar como excusa que no tiene recursos para alcanzar sus sueños, porque todos tenemos la capacidad de pensar y de planificar.

El gran estratega Sun Tzu dice lo siguiente: "Los estrategas exitosos solo entran en batallas que saben que van a ganar, mientras los que fracasan entran en combates y luego empiezan a pensar cómo pueden ganar".

Quizás soy un idealista, pero creo que cuando se trata de nuestras metas, de nuestros sueños, siempre debemos entrar en la batalla por ellos. Prefiero entrar la batalla por mis sueños, aunque exista la posibilidad de fracasar, que sentarme en los linderos de la vida y esperar. Al final

---
18. Consulta en línea. https://www.nbcnews.com/sciencemain/human-brain-may-be-even-more-powerful-computer-thought-8C11497831

EL PUENTE

de mi vida *prefiero haber luchado por lo que quise alcanzar que lamentarme por lo que hubiese podido pasar.*

El planificar nos ayuda a no fracasar, nos permite imaginar escenarios y controlar nuestros movimientos. Perseguir nuestros sueños ciegamente no nos permitirá llegar al lugar que tenemos en mente. Quien planifica sus pasos planifica sus éxitos. La lucha por tus metas se merece toda tu atención y todo tu corazón. Si lo das todo, habrás ganado aun antes de haberlo alcanzado.

Es tiempo de empezar a soñar, de pensar que sí es posible llegar, que con la estrategia adecuada puedes el puente cruzar, que no hay obstáculo que no puedas superar si pones tu mente a volar y tus ideas a trabajar.

He luchado mil batallas y probablemente he perdido más de las que he ganado. Algunas las he perdido por haberme rendido. En otras luché con todo mi ser y aun así no gané por no tener la estrategia adecuada o por no cambiarla a tiempo. Hoy entiendo que quizás lo que hubiera alcanzado al ganar la batalla equivocada, de alguna manera me habría alejado del lugar al cual he llegado. Para poder apreciar profundamente quién soy hoy y en dónde estoy, tuve que haber luchado todas las batallas

PLANIFICACIÓN

que enfrenté en el pasado. Algunas las aprecio porque las gané, pero de las que más aprendí son de aquellas en las que perdí. De todas esas batallas que no gané tan solo me arrepiento de aquellas en las cuales me rendí.

No te dejes atrapar por la prisión del remordimiento; es un lugar difícil de escapar. Mas si en algún momento caes preso en ese lugar y te parece imposible de ahí escapar, recuerda que la llave que abre la puerta de salida está en tus manos, está en tu mente. Algunas veces parece que no la podemos encontrar, pero es en ese preciso lugar donde debes imaginar el futuro.

Las oportunidades no se pierden en el tiempo; simplemente la próxima vez te llevarán a un nuevo lugar que quizás nunca pudiste imaginar, pero será lo mejor que te pueda pasar. El viaje de la vida dura todo tu tiempo de vida. Perder algunas oportunidades no es perder tu mejor mañana, es simplemente el camino a otra tierra lejana: esa tierra se llama destino.

No suelo mirar mucho hacia atrás porque mi vida no va en esa dirección. Me gusta más mirar hacia adelante porque los días me empujan hacia allá, mis metas me empujan hacia adelante. No hay metas en el pasado, solo se las puede alcanzar en el futuro. Estoy convencido de que al igual que el construir buenas memorias no es para tener un buen pasado, sino para tener un mejor futuro, luchar con toda mi fuerza y toda mi inteligencia no es para mirar hacia atrás y sentirme orgulloso; es para mirar hacia adelante y tener un futuro poderoso.

LA SABIDURÍA DE ESCUCHAR

La verdadera batalla por ganar es la batalla en nuestro interior. Como dice el maestro Yoda: "Las armas no ganan las batallas; la mente lo hace". Una vez que conquistamos esa batalla, no tendremos miedo a fracasar o a cambiar, y mucho menos a escuchar. Una vez que conquistamos el mundo interior es más fácil enfrentar el mundo exterior, porque ahora ya no necesitamos tener siempre la razón, podremos escuchar las ideas de los demás, y tenemos el poder y la confianza para cambiar todo aquello que parece no funcionar.

Muchas veces no cambiamos nuestra manera de luchar porque el orgullo no nos deja pensar que puede haber mejores maneras de ganar. Hay tanta sabiduría en los demás que si la puedes escuchar no hay nada que no puedas conquistar. Sam Chand suele decir que "ninguno de nosotros es tan inteligente como todos nosotros".

Solo quien escucha cuidadosamente, entenderá completamente, será exaltado constantemente. En la vida no tenemos éxito por nuestra capacidad de hablar, sino por nuestra capacidad de escuchar. *No hay límite a lo que podemos alcanzar cuando aprendemos a escuchar. El escuchar nos lleva de lo que sabemos a lo que necesitamos saber.*

En verdad, la sabiduría proviene de haber callado todas aquellas veces que quisiéramos haber hablado. *Escuchar expande mi entender; el problema es que la mayoría de nosotros oímos para responder y no escuchamos para entender. Para del mañana poder disfrutar debemos aprender en el hoy a escuchar para luego poder planificar.*

El número de posibilidades que existe en nuestro futuro es infinito. Las ideas nos abren las puertas a ese mundo lleno de posibilidades. Muchos hemos pensado en cambiar el pasado, pero ¿hemos pensado en cómo llegar a nuestras metas en el futuro? Necesitamos convertir esas posibilidades en realidades. Si el futuro es un lugar lleno de posibilidades, ¿por qué no nos tomamos el tiempo para planificarlo?

Algo que Sam Chand me ha enseñado es que cuando necesite resolver un problema piense en más de dos soluciones. Él recomienda cuatro o cinco de ser posible. La razón es que si pensamos solo en dos nos quedaremos dentro de nuestro sistema binario de pensamiento, donde tendremos una solución que es buena y una que no es tan buena, y generalmente iremos con la que nos parece buena. Pero si hacemos eso, limitamos las posibilidades que otras soluciones nos pueden traer, y en cuanto respecta a mis metas y a mi vida, no quiero ser limitado a una sola idea. Prefiero volar en la posibilidad de mil ideas que quedarme estancado en la limitación de una sola.

Cuando empezamos a pensar, podemos planificar. Es ahí donde todas nuestras ideas tienen posibilidad y la guerra se puede ganar; es ahí cuando las podemos combinar con otras ideas. Escuchar el mundo a nuestro alrededor nos ayudará a tener más y mejores ideas. Es en ese preciso momento que podemos empezar a conectar los puntos que dibujan el plan hacia el puente que debemos cruzar para ganar las batallas por nuestras metas.

PLANIFICACIÓN

1. ¿PUEDO DESCRIBIR POR LO MENOS 5 MANERAS DE LLEGAR A MI DESTINO?

2. ¿HE LOGRADO IDENTIFICAR EN QUÉ MOMENTOS ME SIENTO MÁS INSPIRADO. QUÉ MOMENTOS ENCIENDEN MI IMAGINACIÓN?

3. ¿ESTOY GENERANDO IDEAS DE MANERA INTENCIONAL, O TAN SOLO ESPERANDO QUE LLEGUEN A MÍ?

EL PUENTE

4. ¿HE DESCARTADO IDEAS PORQUE ME PARECEN ILÓGICAS? ¿QUÉ PASARÍA SI CONECTO MIS IDEAS ILÓGICAS CON MIS IDEAS LÓGICAS?

_____
_____
_____
_____
_____

5. ¿QUÉ PASOS DEBO TOMAR PARA CRUZAR EL PUENTE HACIA EL LUGAR AL QUE QUIERO LLEGAR?

_____
_____
_____
_____
_____

5

PREPARACIÓN

"Mil días de entrenamiento para desarrollar, diez mil días de entrenamiento para pulir. debes examinar todo esto bien."
— MIYAMOTO MUSASHI

¿PARA QUÉ Y CÓMO TE ESTÁS PREPARANDO?

El resultado de nuestras vidas es el resultado de nuestra preparación. *Es mejor sudar en la práctica que sangrar en la batalla.* Los premios no se alcanzan con el sudor del día de la competencia; se alcanzan con el sudor de la constancia. El día de la competencia se puede ver la evidencia de tu persistencia; de aquello en lo que has trabajado y practicado.

EL PUENTE

Para que un boxeador aficionado pueda luchar tres asaltos, tiene que entrenar para seis asaltos.[19] Es decir: su preparación requiere el doble de trabajo que la pelea misma.

Los luchadores generalmente entrenan entre tres a cinco horas diarias cinco veces a la semana porque creen que mientras mejor preparados estén, mejor será la oportunidad de vencer. No tan solo entrenan fuerte, sino que se preparan inteligentemente, averiguan acerca de su contrincante y así saben qué esperar y, sobre todo, cómo lo van a enfrentar.

Los boxeadores en el rango de los 10 mejores (*Top 10*) pueden pasar entre 15 a 20 años de su vida entrenando, empujándose a sí mismos hasta el límite de sus habilidades para alcanzar esos niveles.[20]

La vida es una lucha entre lo que quieres y lo que no quieres, entre lo ideal y lo real. En verdad es una pelea por lo que anhelas y deseas, pero para poderlo alcanzar te tienes que preparar. De la misma manera en la que el boxeador se prepara para sus batallas, tienes que

---

19. Consulta en línea. https://cletoreyesshop.com/how-long-do-boxers-train-before-first-fight/
20. Consulta en línea: https://www.quora.com/How-long-does-it-take-to-become-a-decent-boxer

PREPARACIÓN

prepararte tú para las tuyas. La fuerza se construye con perseverancia y la sabiduría con la experiencia de la preparación diaria. Tus metas deben ser para ti tan importantes como estas luchas son para estos boxeadores.

La cantidad de peleas que un boxeador aficionado necesita para convertirse en profesional puede ser tan variada como la cantidad de personas que hay en el mundo. Ya que hay muchos factores que afectan: edad a la que empezó a pelear, país donde está y otros.[21] Sin embargo, en promedio, algunos de los mejores boxeadores de la historia tuvieron aproximadamente 118 peleas antes de ser considerados profesionales, y tenían una edad aproximada de 20 años cuando hicieron su debut profesional. Se podría asumir que empezaron su carrera de boxeo a la edad de 16 años. Eso quiere decir que esas 118 peleas las tuvieron que realizar en tan solo cuatro años. Es un promedio de 29,5 peleas por año, 2,45 peleas por mes, pero no temen esas batallas porque se preparan para ellas.

De la misma manera en que un boxeador se prepara para su pelea, tú debes prepararte para tus metas. Si tus

---

21. Consulta en línea. https://shortboxing.com/how-long-does-it-take-to-become-a-pro-boxer/

metas son importantes para ti, prepárate para que puedas luchar por ellas con lo mejor de ti.

Las metas no se alcanzan en un día; se alcanzan en el día a día. Si sabes la dirección a caminar y cuál es el camino por tomar, debes saber también cómo te debes preparar. No puedes decir que estás caminando a tu meta si estás sentado o sentada en la banqueta.

¿QUÉ ESTÁS HACIENDO EL DÍA DE HOY QUE TE ACERCA MÁS A LA META?

Practicar te hace mejorar. *El nivel de tu preparación determina el nivel de tu elevación.* Tan solo podrás llegar tan alto como te hayas preparado para caminar. La preparación es la evidencia de que crees que puedes alcanzar tus sueños. Siempre hay oportunidad para todo aquel que se quiere preparar. Quizás hay personas que tengan más recursos para prepararse, en mejores escuelas o de mejores maneras, pero que nadie te gane en tener una mayor voluntad para tú mejorarte y en el día a día prepararte.

La preparación es la llave que le abre la puerta a la posibilidad; es quien atiende la llamada cuando la oportunidad es la que llama. La grandeza está más conectada a la

PREPARACIÓN

preparación que a la oportunidad. Por eso creo firmemente en aquella frase del golfista Gary Player: "Cuanto más entreno, más suerte tengo".

La realidad de esta frase no es sobre la suerte, sino sobre la preparación. Me he dado cuenta de que mientras más preparado estoy, más oportunidades aparecen en mi vida. Antes de subir a la montaña hay que prepararse para la escalada. La gran pregunta es, ¿cómo te estás preparando? ¿Es aquello en lo que te estás preparando hoy, algo que te llevará al mañana que imaginas?

La preparación necesita estar acompañada de la sabiduría. Porque la sabiduría sabe para qué prepararse y más que eso: sabe cómo prepararse. La diferencia entre el éxito y el fracaso está en la inteligencia. Solo dejan de prepararse aquellas personas que piensan que ya llegaron al lugar o aquellas que no saben a dónde quieren llegar. Pero aquellas personas que sueñan con el mañana y creen que pueden llegar se preparan.

No se puede emprender un viaje sin preparación. En el viaje de la vida, tu preparación es la verdadera dirección. *No puedes caminar en una dirección que no sea guiada por tu preparación.*

EL PUENTE

UN GENERAL DE GUERRA DEBE SABER PENSAR Y PELEAR

En diciembre del 2019 viajé con mi padre a China. Es un viaje que intentamos hacer cada año como padre e hijo. La aventura de viajar es parte de nuestro caminar; los viajes expanden nuestra manera de pensar y de imaginar. Este viaje en particular fue una aventura increíble. De repente nos encontrábamos en la ciudad de Xi'an. Habíamos llegado ahí en tren bala desde Chengdu.

Uno de los lugares que queríamos explorar era el de los Guerreros de Terracota. La historia de estos soldados es increíble. Fueron encontrados el 2 de febrero de 1974 cerca de Xi'an por Zhao Kangmin, un agricultor convertido en curador de museo a quien tuve la oportunidad de conocer. Desesperados por agua en medio de una sequía, unos campesinos habían excavado un metro buscando agua, cuando se toparon con estas maravillosas obras de arte.

Los Guerreros de Terracota son un conjunto de más de 8000 figuras de guerreros y caballos de terracota a tamaño real, que fueron enterradas cerca del primer emperador de China de la Dinastía Qin, Qin Shi Huang, en el 210-209 a. C. para defender al emperador en el más

PREPARACIÓN

allá. Era un ejército fantasma completo, con caballos y carros, escondido bajo tierra y nunca visto por los vivos. Se encuentran dentro del Mausoleo de Qin Shi Huang. Desde el año 1987 están considerados por la UNESCO como Patrimonio de la Humanidad.

El ejército de terracota fue enterrado en formación de batalla en tres fosos, un kilómetro y medio al este de la tumba del emperador, que a su vez dista 33 km al este de Xi'an. Los tres fosos tienen entre 4 y 8 metros de profundidad. Han sido excavados y se ha construido un hangar en las ruinas, llamado Museo del Ejército de Guerreros.

La guía que teníamos era fantástica; nos sumergía en la historia de China con sus relatos. Llegamos a uno de los pozos donde además de los soldados se encontraban carrozas que salían de los cuartos de comando con instrucciones a los soldados. En los cuartos de comando, se reunían los comandantes del ejército para decidir las estrategias que iban a utilizar en la batalla.

En medio del relato, la guía comentó que los generales debían tener dos cualidades: ser grandes pensadores y a la vez habilidosos guerreros. Cuando dijo esto, mi curiosidad se despertó y le pregunté lo siguiente: "¿Por qué debían ser habilidosos guerreros si lo que necesitaban era su capacidad de razonamiento para la batalla?". En verdad me interesaba saber por qué quizás existían grandes pensadores que no eran habilidosos guerreros y quienes podrían tener buenas ideas para emplear en la batalla.

Su respuesta es algo que me hizo pensar, ella dijo: "Al ser comandantes y estar en el cuarto de estrategia, los enemigos intentaban atacar ese lugar primero para confundir al enemigo. Por esa razón los comandantes no solo debían saber cómo pensar, sino también cómo pelear". Ser un gran estratega requiere que sepas cómo pensar, pero también cómo pelear. Es por eso *que el pensamiento no es un sustituto para la preparación, y la preparación siempre debe ir acompañada de la razón.* Después de la planificación siempre debe existir la preparación.

Pensar y pelear son dos características que debe tener un general de guerra, y en la guerra por tus sueños, por tus metas, necesitas desarrollar las dos habilidades por igual.

PREPARACIÓN

PREPARARTE TE MANTIENE EN CALMA

Fortaleza es la capacidad de mantener la calma aunque el mundo se caiga; de reinventarte, aunque todo quiera desanimarte. La calma solo se puede mantener cuando la mente está en calma, y la única manera de lograr que la mente esté en calma es a través de la preparación. La preparación disminuye el temor y me ayuda a pensar mejor.

Miyamoto Musashi[22] es considerado el mejor samurai de todos los tiempos, un hombre que luchó en 61 duelos y no perdió ninguno. En su libro *The Book of Five Rings* (*El libro de los cinco anillos*), Musashi habla acerca de la importancia que tiene para un guerrero tener una mente calmada, y amplía diciendo que un guerrero solo puede adquirir esta mente calmada a través de la práctica.

En la vida, sin importar nuestra preparación, nos podremos encontrar con situaciones que están fuera de nuestro control. Mantener una mente calmada nos ayudará a que la batalla sea ganada. Es normal encontrar imprevistos en el puente que te lleva a tu destino; es por eso

---

22. *The Complete Musashi: The Book of Five Rings and Other Works*: Tuttle Publishing; Translation edition (Octubre 23, 2018); *El libro de los cinco anillos*, Quaterni; 1 edition (Septiembre 20, 2017).

por lo que necesitamos practicar siempre a lo largo del camino.

Tan solo porque en la vida encuentres lo inesperado, no significa que no debas estar preparado. Son estos momentos inesperados los que Musashi, reconocido estratega de batalla denomina "pasajes críticos" y dice lo siguiente:

> Esto es lo que yo llamo superar un pasaje crítico. Tomaré el ejemplo de navegar en el océano. En ciertos estrechos la corriente es rápida, y una distancia de cuarenta a cincuenta leguas constituye un pasaje crítico. Así también sucede en la travesía de la vida; una persona encontrará varios pasajes críticos.
>
> Cuando se navega en el océano es necesario conocer cuáles son los lugares peligrosos y la posición de la embarcación, incluso el clima. Sin tener un barco piloto, es necesario saber cómo adaptarse a cada situación. Es posible que el viento sople por el costado, desde atrás, o que cambie su trayectoria. Debes tener la determinación para remar por una distancia de dos a tres leguas para poder

PREPARACIÓN

llegar al puerto. Esa es la manera en la que puedes atravesar un pasaje crítico en el océano.

Esta manera de ser también se aplica en la jornada de la vida. Debes superar este pasaje crítico con la idea de que es un evento único. Es importante durante un combate de estrategia, tener también la capacidad de superar los pasajes críticos. Se pueden superar estos pasajes críticos evaluando la fortaleza de nuestro oponente y nuestra propia capacidad.

Este principio es el mismo que utiliza un buen capitán que está navegando en el océano. Una vez que se ha superado el pasaje crítico, la mente se mantiene en calma. Si logras superar el punto crítico, tu oponente saldrá de él más débil, y tú podrás empezar a tener la iniciativa. Entonces, prácticamente, ya habrás ganado. Tanto para la estrategia de grupo como para la estrategia individual, es esencial estar determinado a superar el pasaje crítico. Debes examinar esto bien.

Dice Musashi también que "la espontaneidad del momento es necesaria para la batalla". Sin embargo, solo se puede ser espontáneo cuando se está preparado. Cruzar el puente al mañana requiere una preparación constante en tu presente, ya que *tu futuro se merece que luches por él con todo tu hoy.*

En el arte de la guerra, Sun Tzu dice lo siguiente: "El agua moldea su curso de acuerdo con la naturaleza del terreno por el cual fluye… Así como el agua, que no retiene una forma constante, en la guerra no existen condiciones permanentes. Aquel que puede modificar sus tácticas en relación con su oponente tendrá éxito en ganar la batalla y podrá ser llamado 'un capitán nacido en el cielo'".

Las situaciones pueden cambiar en un instante, pero el haber sido constante te ayudará a superar ese momento abrumante. La vida es inesperada, pero con la preparación adecuada se puede ganar cualquier batalla. La práctica es la que nos da el instinto para saber qué cambiar en medio de la adversidad y la flexibilidad para saber qué movimientos son los que ahora debemos emplear para poder avanzar, el puente cruzar y la guerra ganar.

PREPARACIÓN

PERSIGUE TU META PREPARADO PARA GANAR

No importa lo que pasó en el ayer, hoy es el momento donde te debes preparar para hacia el futuro volar. El pasado nunca definió el destino de una persona; tan solo su presente lo puede hacer. La gloria de la victoria se encuentra en tu rutina diaria. Cuando no te preparas para el éxito, te estás preparando para el fracaso. Cuando dejas de perseguir lo que quieres, lo que no quieres viene a tu vida.

Nunca alcanzarás una meta que no persigues. Es como tratar de llegar al final de un camino que no sigues. Tanto para alcanzar como para llegar, hay que caminar.

Los sueños no solo se buscan, se luchan, y la batalla no se gana el día de la pelea; se gana el día que se entrena. Si tienes un plan y sabes qué camino tomar y los pasos a ejecutar, es un buen momento para practicar. Así como la planificación es ideas en acción, la preparación es actos en acción. Sigue luchando y síguete preparando; tu futuro te agradecerá por haberte preparado hoy.

Igual que muchas personas, he cometido errores en el pasado, y hay muchas cosas que me hubiera gustado hacer de manera diferente. Sin embargo, probablemente, lo que más lamente es no haber empezado a prepararme antes. Lo bueno es que nunca es demasiado tarde para empezar de nuevo. Cada día, cada hora, cada minuto y cada segundo son una nueva oportunidad para mi vida mejorar. No esperes a un mañana lejano cuando la oportunidad está en tu mano.

¿Qué estás haciendo hoy por tu mañana? ¿En qué te estás preparando? Si sabes lo que quieres y cómo se obtiene, necesitas la preparación que se requiere. Pueden existir personas con mayor talento en un área o en otra, pero no existe nadie que vaya a trabajar más duro por tus sueños que tú. ¿En qué necesitas prepararte? ¿Cuándo vas a empezar?

Tan solo porque planifico qué voy a comer, mi comida no se prepara sola. Tan solo porque planificas cómo llegar a tus metas no significa que no debas prepararte para ellas.

La diferencia entre grandeza y pobreza no se encuentra en lo material; se encuentra en tu mentalidad. No hay límite a lo que en el mañana puedas alcanzar cuando te comienzas en el hoy a preparar.

PREPARACIÓN

PREGUNTAS

1. DE ACUERDO A LA META QUE QUIERO LOGRAR, ¿SÉ CÓMO ME DEBO PREPARAR?

   _____
   _____
   _____
   _____
   _____
   _____

2. ¿CUÁNDO VOY A EMPEZAR?

   _____
   _____
   _____
   _____
   _____

3. ¿QUÉ ESTOY HACIENDO EL DÍA DE HOY QUE ME ACERCA MÁS A LA META?

   _____
   _____
   _____
   _____
   _____

EL PUENTE

4. ¿PUEDO SER MÁS INTENCIONAL CON MI PREPARACIÓN?

   _____
   _____
   _____
   _____
   _____

5. ¿QUÉ ESTOY HACIENDO HOY POR MI MAÑANA? AQUELLO EN LO QUE ME ESTOY PREPARANDO HOY, ¿ME LLEVARÁ AL MAÑANA QUE IMAGINO?

   _____
   _____
   _____
   _____
   _____

> QUE NO SOLO SEA EL TIEMPO QUIEN DEJA HUELLAS EN TI;
> QUE SEAS TÚ QUIEN DEJA HUELLAS EN EL TIEMPO.
>
> XAVIER CORNEJO

6

TIEMPO

"Los dos guerreros más poderosos son la paciencia y el tiempo."

— LEO TOLSTOI

Para ser un gran estratega se requiere también ser un maestro del tiempo, ya que es el tiempo el que nos lleva al cumplimiento de nuestras metas. Sin importar tu edad, el tiempo pasó demasiado rápido.

Es más; te aseguro que hoy simplemente te despertaste y ya tienes la edad que tienes, el ayer parece un mundo lejano, incluso parece otra vida. Aquellas cosas que creíamos que nunca cambiarían cambiaron, aquellas personas que pensábamos que siempre estarían ya no están, y aquellas heridas que pensábamos que jamás olvidaríamos hoy son cicatrices que en algunos casos ya ni siquiera recordamos.

Así corre el tiempo y de repente te encuentras en el hoy muchas veces sin saber cómo llegamos, pero aquí estamos. Y esto es algo normal en la vida. Sin embargo, si no tienes cuidado, despertarás en el mañana y todas tus metas, sueños, anhelos y deseos habrán quedado solo en el mundo de la posibilidad sin nunca haberse convertido en realidad.

Me gusta insistir que el uso de tu tiempo es en verdad el uso de tu vida, que tu habilidad para disfrutar tus días es tu habilidad para disfrutar tu vida. Es por eso que un gran estratega necesita tener la capacidad de saber cuánto tiempo le tomará ganar la batalla, y tener la sabiduría para encontrar las oportunidades que existen en este momento para utilizar de mejor manera el tiempo.

NUNCA ESTÉS TAN OCUPADO EN EL MOMENTO QUE TE OLVIDES DE LO QUE QUIERES ALCANZAR EN EL TIEMPO.

El tiempo es uno de los bienes más preciados de la vida, porque no se puede comprar y tan solo se puede gastar.

TIEMPO

Es interesante que todos tenemos la misma cantidad de tiempo en un día, pero no la misma cantidad de tiempo de vida. Llegar a la meta tomará tiempo, cruzar el puente requiere tiempo.

Generalmente, mientras más grande es la meta, mayor es el tiempo que nos tomará llegar a ella, y cada momento que dejas escapar es un tiempo que no volverá. Es por eso que mencioné unas líneas atrás que el uso de nuestro tiempo es el uso de nuestras vidas. *Nunca estés tan ocupado en el momento que te olvides de lo que quieres alcanzar en el tiempo.* Vivimos bajo el paradigma de que no tenemos tiempo, pero siempre hay tiempo para las cosas que de verdad nos importan.

Si tienes un intenso dolor de muelas intentarás ir al dentista lo antes posible. De cierta manera abrirás el tiempo para ir, simplemente porque no quieres sufrir, así que cuando algo de verdad nos importa siempre tendremos la capacidad de tener tiempo para ello. Si de verdad quieres alcanzar tus metas, necesitas del tiempo para el desarrollo y cumplimiento de tu estrategia.

Perseguir lo que de verdad te importa nunca debe ser algo para otro momento, porque quizás se pierda en el tiempo. Me gustan mucho las palabras de Edwin Louis Cole: "La fama puede llegar en un instante, pero la grandeza viene con los años". Es decir que la grandeza requiere tiempo. Si estás leyendo estas líneas aún estás a tiempo, y este puede ser tu momento. Cuando planifiques tu estrategia, el tiempo debe ser un elemento indispensable de la misma.

Siempre me ha parecido interesante el hecho de que esperamos que las cosas crezcan en un 100%, pero tan solo les damos el 10% de nuestro tiempo. ¿Cómo esperamos alcanzar el 100% de nuestras metas si tan solo les damos el 10% de nuestro tiempo? Si quieres llegar a la cima, tienes que darle tiempo al caminar hacia arriba.

Así que la importancia del tiempo es cómo lo manejas, cómo lo divides, cómo lo utilizas. No se puede controlar, solo se puede utilizar. Utiliza sabiamente el tiempo y él se encargará de hacerte sabio. En el mañana solo serás el resultado de cómo utilizas tu tiempo hoy.

No te preocupes por lo que pasó ayer. Preocúpate por lo que harás hoy para llegar al lugar que añoras en el mañana. El pasado nunca definió a una persona; solo sus decisiones diarias lo pueden hacer. *Un mejor futuro se construye con lo que haces con tu tiempo hoy.*

SABER CUÁNTO TIEMPO…

Hay dos usos del tiempo que todo estratega debe considerar. Primero, tienes que saber cuánto tiempo tomará llegar; si no lo haces, tus expectativas estarán equivocadas. Expectativas no claras nos llevan a tener vidas frustradas. Para no rendirte por no llegar rápido al momento, debes desde un inicio calcular el tiempo.

Marco es uno de mis mejores amigos y un gran doctor con una exitosa práctica. El otro día mientras conversábamos le pregunté cuántos años le tomó estudiar medicina. Su respuesta me sorprendió bastante; me dijo que sus estudios de medicina le tomaron catorce años. ¡Catorce años! ¡Eso es mucho tiempo! Cuántas veces me he frustrado por el tiempo que mis metas me han tomado, sin que ninguna de ellas me haya tomado 14 años.

Esto trajo un poco de perspectiva a mi vida. Le pregunté cómo hizo para estudiar por tanto tiempo, a lo que me respondió: "Desde un principio todo estudiante de medicina tiene mucha ansiedad y preocupación por los años de estudio. En promedio, con subespecialidades, estudiar la carrera puede durar de 10 a 18 años y es difícil saber cuánto durará la carrera específica de cada uno. Causa miedo porque son muchos años que dependes de tus padres, y es muy difícil trabajar y ganar dinero para auto sustentarse. Eso hace que mucha gente se rinda en el proceso.

"En mi caso, yo sabía desde el comienzo que quería ser ginecólogo, lo cual me ayudó a tener metas claras y entender que sería largo, pero algún día llegaría a la meta. Es más fácil lidiar con tantos años una vez que uno entra decidido desde el principio a ser un especialista, porque calculas más o menos el tiempo. En mis últimos años de especialidad me enfoqué en cirugía mínimamente invasiva y tuve la oportunidad de hacer cirugía robótica. Cuando me gradué de ginecólogo me interesó mucho la cosmética ginecológica porque era algo nuevo e innovador para ese tiempo, y eso me permitió ser pionero en esa rama en Ecuador."

Le pregunté si el saber desde el principio el tiempo que le tomaría le ayudó a tener paz, a lo cual me respondió: "Claro, hacer el cálculo desde el principio calma mucho y quita la ansiedad. La planificación fue muy buena en mi caso".

Si él pudo pasar 14 años caminando para cruzar el puente a sus metas, no me sorprende que hoy sea alguien exitoso y un ejemplo a seguir para muchos de nosotros que nos queremos rendir antes del tiempo de cumplimiento de nuestra meta. Es un soldado que fue a la batalla por sus sueños y salió vencedor, y hoy es condecorado por haberse mantenido firme en esa batalla.

El saber el tiempo que me tomará me dará la paz que necesito para caminar. Una de las peores cosas al momento de perseguir nuestras metas es no saber cuánto tiempo nos tomará alcanzar el lugar al cual queremos llegar. El tiempo no siempre será exacto, pero un tiempo estimado es un marco de referencia. Y saber este tiempo desde el comienzo me ayuda a no desesperar en el camino.

INTERPRETAR EL MOMENTO...

Segundo, conocer el tiempo nos ayuda a encontrar oportunidades que hay en este momento. Hoy es el mejor tiempo para aprender y emprender algo nuevo; hay muchas opciones que antes no existían. *Saber interpretar el momento es saber aprovechar el tiempo.*

Recibí una llamada de mi gran amigo Marcelo (aunque todos le conocen como "Chino"). Fue muy grato recibir su llamada, no habíamos hablado en mucho tiempo. Cabe recalcar que esta llamada fue en medio de la cuarentena del coronavirus. Hablamos casi cuatro horas y de muchas cosas, pero una de las conversaciones fue acerca de su empresa y cómo enfrentar este tiempo difícil. Él me comentó que en verdad su mercado no había sido tan afectado.

Su compañía se llama CMEsmartlife,[23] una compañía con más de 30 años en el mercado, la cual empezó como una empresa de redes e infraestructura eléctrica. Él me comentó que con los años la empresa ha ido reinventándose y ha incluido nuevas líneas de negocios, así que hoy en día su empresa es de diseño de iluminación, audio, vídeo y automatización. Me explicó que ellos como cultura siempre han escogido las mejores fábricas para sus portafolios. Me dijo que en tecnología siempre se tiene que buscar "lo siguiente"; eso les permite mirar en el tiempo y no solo el momento.

---

23. Ver más en @cmesmartlife Instagram.

TIEMPO

Luego me dijo que, aunque ellos no crean nada, se actualizan constantemente a través de las fábricas con las que trabajan. Dentro de eso encuentran oportunidades para estos tiempos; es ahí hacia donde nos llevó la conversación.

Al mirar estos tiempos, ellos creen que una de las industrias más afectadas será la del cine y están buscando ayudar a las personas a tener su propio cine en casa. Es así como encontraron a *Kaleidescape*, que no solamente crea esa experiencia a través de pantallas y audio, sino a través de un servidor que tiene todas las películas tan pronto como son lanzadas al mercado, al mismo tiempo que en el cine.

Esta especie de servidores no necesitan Internet para poder ver las películas. Están guardadas directamente en el servidor, en la más alta calidad y con el mejor sonido posible. En verdad crea la experiencia de tener un cine en casa. La razón es que las personas no tengan que salir de casa para tener la experiencia de ir al cine y así poder cuidarse más durante esta pandemia global que vivimos hoy en día.

Él no solamente mira en el tiempo; el tiempo le permite interpretar el momento, pero luego las cosas se pusieron más interesantes con respecto al tiempo. Le pregunté cuál era la visión de la compañía, a lo cual me respondió: "A mediano plazo la visión de nuestra empresa es ser la líder en el mercado *premium* en soluciones de iluminación y domótica (audio, vídeo, seguridad, automatización)".

Luego me dijo que a largo plazo la visión es tener presencia internacional para servicios de logística y soporte para empresas como la suya. Me sorprendió la claridad de su respuesta con respecto a visión a mediano y largo plazo, así que naturalmente le pregunté qué era mediano y largo plazo para él. Nuevamente su respuesta fue muy clara: mediano plazo, tres años, y largo plazo, cinco años. Él es un visionario que puede interpretar el momento, pero también sabe el tiempo que le tomará alcanzar sus objetivos. Estoy seguro de que los alcanzará.

En la Biblia existe una mención muy importante acerca de los hijos de Isacar a los que tan solo se les alude una vez, pero es tan profundo lo que se dice acerca de ellos que quisiera que eso se diga acerca de ti y de mí: *"Hombres expertos en el conocimiento de los tiempos, que sabían lo que Israel tenía que hacer"*.[24] Un gran estratega debe estar en constante observación de los tiempos para saber qué cosas existen hoy que le pueden ayudar en el cumplimiento de sus metas. Hoy existen más oportunidades que ayer, y estoy seguro de que mañana existirán más oportunidades que hoy. Estar atento al momento te ayudará a trascender en el tiempo.

Cruzar el puente tomará tiempo, y es el uso de tu tiempo el que determinará cuánto tiempo te tomará. Al empezar tu estrategia siempre debes planificar y conocer el tiempo. Esto te ayudará a llegar al momento donde las metas se alcanzan, donde las guerras se ganan y los sueños se cumplen. El tiempo siempre te presentará oportunidades que no considerabas cuando dabas tus primeras pisadas.

DEJA HUELLAS EN EL TIEMPO

No te desesperes por no llegar, desespérate por no caminar. Que el tiempo pase no quiere decir que yo avance. Algunas veces el mejor uso del tiempo es parar, descansar, respirar, pensar, para luego volver a caminar.

---

24. 1 Crónicas 12:32.

EL PUENTE

Cuando no te rindes en el camino, dejarás huellas en el tiempo, ya que tus logros inspirarán a otros a no rendirse; a permanecer aun cuando quisieran desaparecer. Que tus días hagan eco con el pasar del tiempo, que el camino que tú caminaste pueda ser escuchado por todos aquellos que vienen detrás. Ese eco que dejas en el tiempo es una voz que puede llevar a personas a alcanzar su momento.

El pasar del tiempo es tan efímero, pero, aunque un segundo se vaya para siempre, siempre ayuda a aquellos que son consistentes. De repente pasó el tiempo y aquellas metas que antes solo podías soñar ya las lograste alcanzar. *Que no solo sea el tiempo quien deja huellas en ti; que seas tú quien deja huellas en el tiempo.*

Necesitamos aprender a proyectarnos en el tiempo y no tan solo en el momento. Quien se fija solo en el momento se frustrará cuando el momento pase, pero quien se proyecta en el tiempo crecerá y cruzará puentes a tierras lejanas quizás no pensadas, pero siempre anheladas.

Un buen estratega necesita tener la capacidad para saber cuánto tiempo le tomará ganar la batalla que tiene al frente, y necesita tener la sabiduría para saber cómo manejar sus días para que sus días le dirijan a la victoria que trae la gloria. Tan solo porque puedas mirar el horizonte al cual quieres llegar no significa que no tengas que caminar para de él disfrutar.

¿Cuánto tiempo estás invirtiendo en este momento para alcanzar lo que anhelas tener con el tiempo?

Las metas necesitan tiempo para cumplirse, cruzar el puente te tomará horas, días, años, sudor y muchas veces hasta lágrimas. Pero al llegar, olvidarás el dolor y disfrutarás de ese mañana mejor.

El tiempo puede ser nuestro amigo o nuestro enemigo. La decisión de cuál de los dos será no la tiene el tiempo, la tienes tú. Haz del tiempo tu aliado; así al llegar al mañana podrás decir que has volado. Y quizás en ese volar no necesitaste caminar, porque quizás en vez de cruzar el puente caminando, lo habrás hecho volando. Pero si no usas tu tiempo de manera adecuada, el tiempo se convertirá en tu enemigo y en vez de llevarte a tierra anhelada te llevará a tierra no deseada.

Con el tiempo como enemigo, nunca llegarás a tu destino, pero con el tiempo como amigo, podrás vencer todas las batallas que existan en tu camino.

EL PUENTE

PREGUNTAS

1. ¿CUÁNTO TIEMPO ME TOMARÁ GANAR LA BATALLA POR MIS SUEÑOS?
   _____
   _____
   _____

2. ¿HE CALCULADO ALGUNA VEZ CUÁNTO TIEMPO ME PUEDE TOMAR ALCANZAR MIS METAS?
   _____
   _____
   _____

3. ¿LE ESTOY DANDO PRIORIDAD A MIS SUEÑOS?
   _____
   _____

4. ¿CUÁNTO TIEMPO ESTOY INVIRTIENDO EN ESTE MOMENTO PARA ALCANZAR LO QUE ANHELO TENER?
   _____
   _____

5. ¿QUÉ HERRAMIENTAS EXISTEN EN ESTE TIEMPO QUE ME PUEDEN AYUDAR A CONQUISTAR MIS SUEÑOS?
   _____
   _____

LA EJECUCIÓN TRAE A LA VIDA
LO QUE ESTÁ EN NUESTRA IMAGINACIÓN.

XAVIER CORNEJO

7

EJECUCIÓN

"La innovación es recompensada. La ejecución es venerada".

— ERIC THOMAS

Ejecución es el arte de realizar los pasos que planifiqué para llegar al lugar que deseé. Lo llamo un arte, no para usar palabras elegantes, sino para describir uno de los pasos más difíciles de la estrategia. En agosto del 2016 tuve la oportunidad de asistir a la Cumbre Global de Liderazgo en Chicago, una de las conferencias a donde intento asistir cada vez que puedo. Es una conferencia que me hace crecer, uno de esos lugares en los cuales alimento el pensamiento y expando el entendimiento.

Una de las charlas que más me llamó la atención fue la charla de Chris McChesney, coautor del éxito de

EL PUENTE

ventas *The Four Disciplines of Execution* (*Las 4 disciplinas de la ejecución*).[25] Una de las frases que capturó mi completa atención y que hasta el día de hoy no puedo olvidar es la siguiente: "Siempre tendremos mayor cantidad de buenas ideas que capacidad de ejecución".

Sin importar quien seas ni el tamaño de tu equipo o compañía, siempre tendremos mayor cantidad de buenas ideas que capacidad de ejecución.

Si miras atrás te darás cuenta de que muchas de tus ideas nunca se llevaron a cabo por falta de ejecución. Es por eso por lo que en verdad ejecutar nuestras ideas o planes es un verdadero arte. ¿Cuántas ideas o planes has tenido, que solamente se han quedado en ideas y planes? ¿Qué falló? ¿La idea, la planificación? ¿O simplemente, nunca los ejecutaste?

---

25. *The 4 Disciplines of Execution: Achieving Your Wildly Important Goals*, Chris Chesney, Free Press, Abril 12, 2016. Traducción libre del autor.

EJECUCIÓN

LOS ENEMIGOS DE LA EJECUCIÓN

DEMASIADAS OPORTUNIDADES

Más sueños mueren por falta de acción, que de planificación. Uno de los mayores problemas es que muchas veces cuando estamos en medio de la ejecución de un plan hay nuevas ideas y nuevos planes que comienzan a surgir, y ahora el final que esperabas se convierte en un camino sin fin hacia otro lugar al cual nunca terminas de llegar. *Uno de los mayores enemigos del éxito no es la falta de oportunidad, sino tener demasiadas oportunidades,* porque cada nueva oportunidad le roba fuerza a la ejecución de la planificación.

Mientras realizaba un *IG live* con mi amigo Joan Bonilla, quien amablemente me invitó a participar, el tema era: "Terminé mi manuscrito, ¿y ahora qué?". Muchas personas interesadas en el mundo editorial, en escribir libros, estaban conectados en la conversación y uno de los puntos que debíamos tocar era la diferencia entre publicar con una editorial o publicar de manera independiente. En la conversación expliqué que, desde mi experiencia, no siempre se rechaza un manuscrito por su calidad o su contenido; hay razones que van más allá.

Por ejemplo, en Whitaker House Español tan solo publicamos 24 títulos al año, dos por mes. Por ahora con el equipo que tenemos sabemos que esto es lo que podemos manejar para darle el tiempo necesario a cada libro. Podríamos publicar muchos más, pero le robaríamos la oportunidad de brillar a cada uno de ellos, así que algunas veces tenemos que rechazar manuscritos porque ya tenemos todos los títulos que necesitamos.

La pregunta es: ¿cómo aprendimos a solamente publicar 24 títulos al año? La respuesta es porque ya intentamos hacer más y siempre teníamos problemas en la ejecución, así que no siempre tener muchas oportunidades nos lleva al éxito; algunas veces es una ruta lenta hacia el fracaso.

FALTA DE EFECTIVIDAD

Mi amiga Melissa es una de las personas más inteligentes que conozco, pero no solo eso. Tiene también una capacidad de observar detalles que es admirable y una de sus mayores cualidades es hacer que las cosas pasen. Ella solía ser la gerente general y compradora de algunas marcas para una cadena de tiendas de venta de souvenirs, ropa y artículos para turistas, que en aquel momento tenía nueve locales.

Melissa dirigía un equipo de cien personas y me comentaba que al hacer las compras siempre planificaba dónde debía colocarse cada cosa en las tiendas. Incluso me dijo que muchas veces tenía que ir a las tiendas para verificar si la ejecución se llegó a realizar, porque sin ejecución de su visión las metas podrían no cumplirse.

El éxito en verdad está en la colocación, y generalmente esa no es la función de un comprador. El comprador imagina dónde deben ir los productos que compra, cómo se deben colocar y cómo se deben vender. Si los pasos de ejecución que siguen a la planificación no son efectivos, en vez de tener ganancias, las compras serán simplemente un gasto.

DISTRACCIONES

La verdad es que existen demasiados enemigos para la ejecución, sobre todo en el mundo en el cual vivimos el día de hoy, un mundo lleno de distracciones. En su libro *Libre para enfocarte*,[26] Michael Hyatt cita un

---

26. Michael Hyatt, *Libre para enfocarte, un sistema de productividad total que te ayudará a lograr más haciendo menos*, Baker Publishing Group, 2019.

estudio realizado por un equipo de investigadores de la Universidad de California que encontraron que una vez que un trabajador promedio ha sido interrumpido en sus labores, le toma aproximadamente 23 minutos retomar la tarea que se encontraba realizando. Continúa Hyatt diciendo que, si a ese trabajador se le interrumpe cinco veces al día, tendremos como resultado más de dos horas de tiempo perdido.

En el capítulo de personas del libro de Scott Halford que mencioné, él nos dice que "una hora de tiempo bien enfocado es equivalente a cuatro horas de tiempo con distracciones". Luego continúa diciendo que "una vez que hayas aprendido cómo enfocarte, es el tiempo de aprender exactamente cómo trazar tus metas".

APLAZAR

Todo a nuestro alrededor compite por nuestra atención, y muchas veces *sacrificamos la ejecución de lo importante por solucionar lo urgente*. Con esto no quiero decir que no le debemos prestar atención a lo urgente, por el contrario, quiero decir que le prestemos mayor atención a lo importante. Muchas veces dejamos las cosas para después por diferentes razones. Hay varios estudios psicológicos acerca de por qué aplazamos lo que debemos hacer.

En su libro *The Productivity Project*[27] (El proyecto de productividad), Chris Bailey cita a Timothy Pychyl, un profesor de psicología de la Universidad Carleton en Ottawa, quien dice que existen seis atributos que hacen que el aplazamiento sea más probable: el aburrimiento, la frustración, la dificultad, cuando falta estructura o es algo ambiguo, cuando falta significado a nivel personal, y a falta de recompensas intrínsecas. Mientras más atributos como este tenga la tarea, es más probable que la aplacemos.

DESMOTIVACIÓN

Otro estudio[28] nos dice que cuando debemos realizar algo dependemos primordialmente de nuestro auto control, el cual recibe su apoyo de nuestra motivación. Algunas veces existen factores que nos desmotivan como la ansiedad o el miedo a fracasar, o quizás vemos el resultado como algo tan lejano en el futuro que nos

---
27. *The Productivity Project: Accomplishing More by Managing Your Time, Attention, and Energy*, 29 de agosto de 2017
28. Consulta en línea: https://solvingprocrastination.com/why-people-procrastinate/

desconectamos de las recompensas que tendremos y perdemos la motivación por hacerlo.

Pero algo que es necesario entender es que el mañana no es una tierra lejana, sino una tierra cercana. Creo que los días llegan más rápido a nosotros de lo que nosotros llegamos a los días. En mi propia vida, muchas veces aplazo las cosas cuando creo que me tomarán mucho tiempo o que me requerirán pensar con profundidad. Lo que me funciona es no desconectarme del futuro que deseo, de saber que el ejecutar cada paso de mi estrategia me acerca más a la meta.

No pierdas tu motivación, e intenta poner toda tu atención en lo que necesitas hacer para que en el mañana puedas vencer.

HACIA LA ACCIÓN DE LA EJECUCIÓN

FIJA FECHAS Y RESPÓNDETE QUIÉN, QUÉ Y CUÁNDO

La ejecución es importante porque hace que las metas se alcancen y los sueños se cumplan. Es importante al hablar de ejecución tener una fecha de acción para cada paso de la planificación. Una de las enseñanzas más valiosas que he recibido de Sam Chand está en las tres palabras que siempre deben acompañar a la ejecución: "quién, qué y cuándo". En palabras de Sam, "quién va a hacer qué para cuándo".

Cuando trabajamos con nuestros equipos para alcanzar metas, siempre debemos saber quién va a hacer qué, y para cuándo lo va a hacer. La acción hace que la planificación se cumpla. Cuando trabajamos para nuestras metas personales también es bueno saber qué vamos a hacer y para cuándo lo vamos a hacer. El poner una fecha hace que nuestros sueños se conviertan en metas y dejen de ser simplemente deseos.

No es lo que veo, sino lo que imagino lo que me da una visión más clara. Pero para cruzar el puente me es necesario caminar y no tan solo imaginar. Quizás has estado estancado en un momento, pero al caminar no estarás estancado en el tiempo. *El presente se vuelve pasado cuando un segundo ya se ha evaporado; el futuro puede ser seguro cuando juntas visión, planificación y ejecución a la ecuación.*

La claridad inspira a ver más allá de lo que nadie ve y también incita a sentir lo que nadie más siente. La planificación te ayuda a pensar lo que nadie más piensa, pero tan solo la ejecución te ayuda a alcanzar lo que nadie más alcanza.*

Si no estamos dispuestos y comprometidos a caminar, de nada nos sirve planificar. El destino está al otro lado del puente, está más adelante en el camino. Piensa, planifica, y luego actúa y camina. *Si no te rindes ante la adversidad, la misma se convertirá en oportunidad, lo cual convierte a la posibilidad en realidad.*

LA PRESIÓN ES AMIGA DE LA EJECUCIÓN

Tener una fecha límite para la ejecución de nuestra planificación es la mejor manera de garantizar su realización. El día de hoy se nos habla de que la presión no es buena. Todos vivimos presionados, pero de cierta manera la presión es buena para la ejecución.

Edwin Louis Cole solía decir que mucha presión rompe una cuerda, pero un poco de presión afina la cuerda, cuando se refería a las cuerdas de una guitarra. De la misma manera necesitamos tener un poco de presión para dar acción a nuestra planificación.

Cuando se trata de nuestra organización, lo mejor es rodearse de personas que sean buenas para la ejecución.

EJECUCIÓN

Mi tendencia va siempre hacia la visión, a soñar e imaginar más, y la ejecución de muchas cosas me cuesta. Lo que me ayuda en gran manera es tener un equipo que tiene una gran capacidad de ejecución. De hecho, muchas veces soy yo quien detiene su ejecución.

En mi equipo hay personas con fortalezas y habilidades que yo no tengo, y puedo decir confiadamente que los éxitos que tenemos en nuestra organización son a causa de mi equipo. Es mi equipo quien me impulsa y me pone la presión adecuada para que nuestra ejecución suene como una hermosa canción y no termine en una desafinada situación.

La presión de hoy es la precisión del mañana, y no estoy hablando de vivir una vida estresada, pero sí de cumplir la meta trazada. Es como en la escuela o en la universidad que nos mandan un trabajo para dentro de un mes. Generalmente (a menos que sea trabajo en grupo) lo realizamos uno o dos días antes de la fecha de entrega.

La razón es que la fecha límite nos pone la presión que permite la ejecución de la planificación. Por lo menos en la escuela, el colegio y la universidad mi entrega de trabajos fue así; es como hacer los deberes para el lunes el domingo en la noche, aunque tuvimos todo el fin de semana para hacerlos. La presión es amiga de la ejecución.

Es un poco más difícil en las metas personales, porque nos cuesta poner una fecha límite. Decimos que vamos a bajar de peso, pero empezamos el lunes y ese lunes casi nunca llega. Decimos que vamos a perseguir nuestros sueños, pero esa persecución nunca empieza. Es difícil presionarse a uno mismo; de alguna manera es más fácil lamentarse por no empezar que presionarse y comenzar, pero nunca es la mejor opción.

RENDICIÓN DE CUENTAS

Cuando de ejecución se trata, mi mayor recomendación es conseguir un coach o una persona que nos permita rendirle cuentas de nuestro avance. En mi caso tengo que reportar todos los lunes al presidente de la compañía, lo cual me permite rendir cuentas de mi labor. Ese peso sobre los hombros nos ayuda a mantener los pies sobre la tierra y a correr hacia los resultados trazados. Te sorprenderá todo lo que podrás alcanzar cuando tienes alguien que te puede presionar.

Se dice que una meta es tan solo un sueño hasta que tiene una fecha límite. El problema es que cuando nosotros trazamos los límites, siempre los empujaremos más allá porque no tenemos que rendir cuentas a nadie de la persecución de nuestros sueños. Eso tan solo nos llevará al final de nuestros días cansados y arrepentidos por nunca haber caminado el puente en dirección a nuestro destino.

Tengo un amigo cuyo nombre es Jim Davis. Me contó la historia de cuando fue a visitar a Sir Edmond Hillary, un gran explorador de Nueva Zelanda y el primer hombre en conquistar la cima del mundo: haber escalado el Everest. En su visita Jim le preguntó a Sir Edmond cuál era su mayor remordimiento en la vida, y él le dijo lo siguiente: "Un día después de una de las exploraciones al Polo Norte, vi una montaña que me gustaría escalar, pero estaba tan cansado que dije, en otro momento lo haré, y lamentablemente nunca lo hice".

ASUMIR RESPONSABILIDAD

A este punto estoy seguro de que saben cuánto amo a mi hijo Lucas. Él es una luz que alumbra mi mundo y alegra mis días; estoy seguro de que yo aprendo más de él, de lo que él aprende de mí.

Como todo buen padre, creo ver sus fortalezas más que sus debilidades, sin embargo, hay algo que él va a necesitar aprender y es a saber asumir su responsabilidad por sus fracasos. En estos ocho años de corta vida que tiene, quizás como todo niño no asume la responsabilidad por sus fracasos; siempre es culpa de alguien más. En todo juego y en toda actividad siempre culpa a alguien por su pérdida, le cuesta asumir la responsabilidad por sus fracasos. Estoy seguro de que, si yo no le puedo enseñar esto, en algún momento la vida se lo enseñará.

Pero al igual que Lucas, muchos de nosotros nos pasamos la vida culpando a los demás por nuestros fracasos sin entender que nuestra vida es nuestra responsabilidad, ejecutar la estrategia para alcanzar nuestras metas es nuestra responsabilidad. Nadie lo puede hacer por nosotros, pero, tampoco nadie las disfrutará como nosotros. Habrá personas que se alegrarán de que lo logramos, pero hacerlo dependerá de nosotros.

En lo laboral lo puedes hacer como equipo. Es importante tener un equipo unido que luche por alcanzar las

EJECUCIÓN

metas y los sueños de la organización. Muchas veces son ellos quienes nos dan las alas que necesitamos para volar y para alcanzar. En lo personal es un poco más difícil porque no siempre tendrás un equipo preocupado por tus metas; en este caso, el volar proviene de tu responsabilidad. Al final de tus días lo que alcanzaste o no, será tu responsabilidad.

En tu último aliento no podrás culpar a nadie más por no alcanzar tus sueños. Culpar a los demás, o culpar a la vida nunca será una buena excusa para no haber construido con tus días todo aquello que querías.

¡Cuántas cosas en nuestra vida dejamos de lado por estar cansados! ¡Cuántos remordimientos llevamos por dentro por no haber ejecutado todo aquello que nuestro corazón ha anhelado! Yo no quiero llegar al final de mis días con el remordimiento de no haber alcanzado todo lo que he soñado. Que en tu mente y tu corazón exista la presión que te impulse a conquistar todo aquello que has imaginado. Algunas veces el peor enemigo de nuestros sueños somos nosotros mismos, cuando no ejecutamos y saboteamos lo que en verdad deseamos.

EL PUENTE

1. ¿CUÁNTAS IDEAS O PLANES HE TENIDO, QUE SOLAMENTE SE HAN QUEDADO EN IDEAS Y PLANES? ¿QUÉ FALLÓ, LA IDEA O LA PLANIFICACIÓN? ¿POR QUÉ NO LLEVÉ MIS PLANES A LA EJECUCIÓN?

   _____
   _____

2. ¿ESTOY INTENTANDO EJECUTAR MÁS DE UNA IDEA A LA VEZ? ¿PODRÍA SER QUE DEMASIADAS IDEAS LE ESTÁN ROBANDO FUERZA A LA EJECUCIÓN?

   _____

3. ¿HAY ALGO QUE ESTÉ DISTRAYENDO MI ENFOQUE AL MOMENTO DE EJECUTAR MIS IDEAS? SI LA RESPUESTA ES POSITIVA, ¿QUÉ ES LO QUE ESTÁ ROBANDO MI ENFOQUE?

   _____

4. ¿CUÁNDO VOY A EJECUTAR MIS IDEAS? ¿HE PUESTO FECHA AL INICIO DE LA EJECUCIÓN?

   _____

5. ¿A QUIÉN RINDO CUENTAS DE MI EJECUCIÓN? ¿A QUIÉN LE RINDO CUENTAS DE MI VIDA Y DE DONDE ESTOY EN EL CAMINO A MIS SUEÑOS?

   _____

8

EVALUACIÓN

"Para la batalla ganar es necesario parar, respirar, pero, sobre todo, evaluar".

— XAVIER CORNEJO

Tan solo se puede resurgir de las cenizas cuando evaluamos por qué nos quemamos. Así también solo puedo saber por qué me caí cuando analizo en qué me tropecé. La profundidad del momento en el cual Adonis Creed le dice a Rocky, "ni siquiera sé cómo fue que perdí" está en la naturaleza del comentario. Es un momento de evaluación, es esta conversación la que le permite a Creed entender cómo llegó a perder, pero al mismo tiempo es el instante en el cual descubre cómo puede ganar.

EL PUENTE

LA ÚNICA MANERA DE TENER PROGRESO ES EVALUAR EL PROCESO

Si evaluamos dónde y por qué perdimos, encontraremos también el camino de vuelta a nuestro destino. Si logro entender qué me llevó a perder, entenderé también qué me puede llevar a ganar.

Uno de los momentos más poderosos de nuestra vida es el momento que nos preguntamos: ¿Cómo llegué hasta aquí? ¿Estoy donde quiero estar? La persecución de tus metas debe empezar con la evaluación de tu situación. La evaluación es el proceso a través del cual se mide el éxito de nuestra planificación, preparación y ejecución, ya que nos permite saber dónde estamos con respecto a donde queremos ir. *Lo que no se puede evaluar no se puede mejorar.* La evaluación nos permite saber qué está saliendo bien y qué está saliendo mal. De esta manera sabremos cómo hacer ajustes para salir adelante.

Para ajustar las velas de mi barca, necesito saber hacia dónde sopla el viento. Si no me detengo a evaluar hacia dónde sopla el viento y hacia dónde es el camino, jamás podré ajustar las velas que me llevan a mi destino.

EVALUACIÓN

La única manera de mejorar es evaluar; debemos tener como objetivo siempre mejorar.

Tuve la oportunidad de almorzar con mi amigo Ed Preston. Mientras conversábamos empezamos a hablar de su cadena de restaurantes. Él me dijo que tiene 25 restaurantes (*Biscuits Café*) ahora y más de 350 empleados. Me comentaba que en su experiencia las tres cosas que hacen exitoso a un restaurante son: excelente atención, buena comida y limpieza. Luego me dio un dato interesante: entre el 75% al 80% de su negocio son clientes repetidos, personas que tuvieron una gran experiencia y regresan.

Él no me lo tuvo que decir, pero la única forma de que él sepa ese porcentaje es porque evalúan sus restaurantes. Si ellos no hubieran evaluado su negocio, no sabrían de donde proviene su ingreso. *El mejoramiento constante proviene de la evaluación permanente.* La vida debe ser un constante proceso de evaluación, ya que la evaluación nos da la oportunidad de adaptar y ajustar nuestra planificación, preparación y ejecución.

¿Dónde me desvié del camino y dónde está mi destino? Si no nos detenemos a evaluar nuestras pisadas, en algún momento tendremos que detener nuestro recorrer. Parte indispensable de alcanzar algo es evaluar dónde me encuentro con respecto a la meta. Es el momento de saber si mi planificación, preparación y ejecución cumplieron su función. *La única manera de tener progreso es evaluar el proceso.*

EVALUAR NOS PERMITE MEJORAR

Muchos caminamos ciegos por la vida simplemente porque nunca quisimos utilizar los lentes de la evaluación. No me cansaré de repetir que el evaluar te permite mejorar. Algunas veces la mejor manera de avanzar es detenerse a evaluar y luego pensar hacia dónde caminar. No vivas atemorizado de la evaluación; podría ser lo único que te saca de tu situación. Evaluar es progresar, porque ahora sabes qué mejorar, qué cambiar y qué ajustar.

La evaluación es parte del puente que nos lleva de la posibilidad a la realidad. Nunca podrás mejorar aquello que no estás dispuesto a evaluar. *Evaluar el progreso nos ayuda a mejorar el proceso.* La evaluación constante ayudará a tener una mejora importante. La falta de evaluación puede hacer fracasar la misión.

EVALUACIÓN

Sé que la palabra evaluación muchas veces produce temor, porque nos recuerda los exámenes que los maestros nos daban en la escuela, en el colegio o en la universidad, o las evaluaciones en el trabajo que nos podrían costar nuestro puesto. Pero la verdadera razón de la evaluación es para que puedas llegar a un nuevo nivel en tu vida. Cuando te has preparado, no le tendrás miedo a lo evaluado.

EVALUAR NOS CONVIERTE EN MAESTROS DE NUESTRO PROGRESO Y APRENDICES DE NUESTRO PROCESO

Es tiempo de ser los maestros de nuestros sueños. Si no te evalúas tú mismo, entonces ¿quién lo hará por ti? En la escuela de la vida tú juegas los dos papeles: eres el aprendiz, pero también eres el maestro. *Siempre seremos nosotros los maestros de nuestro progreso y los aprendices de nuestro proceso.*

Debemos aprender a vivir en esa dualidad y con esa mentalidad. Toma un tiempo para pensar dónde estás y qué necesitas ajustar para cruzar el puente. Si no te detienes a evaluar tus pisadas, ¿cómo sabrás que estás caminando en la línea deseada? Evaluarse es un viaje al interior, un viaje necesario para ajustar lo que no está funcionando. Solo tú sabes dónde estás con respecto a tus metas.

Seamos honestos con nosotros mismos, porque somos nosotros quienes disfrutaremos del dulce sabor que produce llegar al cálido lugar que son los sueños cumplidos. Muchas veces es fácil engañarnos en el camino diario creyendo que estamos haciendo todo lo necesario, pero tan solo cuando miramos hacia atrás podemos ver dónde nos desviamos del camino.

Es interesante que *la vida se vive hacia el futuro, pero se la entiende mirando hacia el pasado,* porque muchas veces es al mirar atrás que comprendemos lo que hacemos. La vida pasa demasiado rápido como para no detenernos a evaluar nuestros pasos. La función de la evaluación no es para lamentarnos; es para mejorarnos.

La batalla de la vida debe ser evaluada para poder ser ganada. Llegar a la meta requiere luchar, evaluar, ajustar, mejorar y continuar. Los mejores soldados evalúan sus habilidades antes del día de la batalla. La victoria en la batalla es el resultado de la evaluación antes de la batalla y durante la batalla.

EVALUACIÓN

Todo estratega de combate sabe que la intención del primer ataque es la evaluación de las habilidades de mi enemigo, y es en el segundo o tercer ataque donde después de medir a mi enemigo, entiendo qué estrategia debo seguir. De hecho, la evaluación nos permite tener información que puede ser la herramienta más valiosa en la batalla.

Cuán bien reúnes la información puede determinar si la misión fue un éxito o un fracaso; la desinformación es peor que la no información. Si tus metas y tus sueños son importantes para ti, la evaluación también lo será; es la única manera de saber cuánto hemos progresado y a qué distancia estamos de cruzar el puente deseado.

Toma un momento para evaluar dónde estás. Quizás no estés donde esperabas estar, pero al evaluarte te darás cuenta que has avanzado. La belleza de la vida no se encuentra tan solo en los grandes momentos que quizás encontremos, sino también en los pequeños detalles de cada día, y si no evaluamos nuestros días, nos podemos perder de hermosos momentos que estuvieron ahí.

La evaluación nos enseña que un mal segundo no es un mal minuto, que un mal minuto no significa una mala hora, que una mala hora no quiere decir que tuviste un mal día, que un mal día no es un mal mes, que un mal mes no es un mal año y que un mal año no quiere decir que has tenido una mala vida. A pesar de todo lo que hayas podido enfrentar atrás, camina hacia lo que está por delante.

Nadie puede parar a una persona que camina con la convicción de que su vida importa, de que el futuro es seguro, porque, aunque haya dificultad, sabe que tiene la habilidad para caminar incluso cuando el mundo lo quiera parar. La habilidad para caminar a pesar de la dificultad se llama valor.

Cuando evalúas tu vida te darás cuenta de que tienes más valor del que creías que tenías y que puedes hacer más de lo que pensabas que podrías. Solo debes llevar al futuro aquello que quieres ver allá. El camino al futuro es un viaje y no necesitas llevar un pesado equipaje; cuando el pasado no sea pesado, podrás caminar con libertad. A pesar de todo, has sobrevivido el cien por ciento de las batallas que has enfrentado y aquí estás buscando llegar al lugar soñado.

La evaluación nos da información importante, no solamente sobre nuestro ingreso, sino también sobre nuestro

EVALUACIÓN

progreso. Es tiempo de evaluar tus pisadas para saber si estás caminando hacia la tierra deseada. Sé que no siempre nos gusta evaluar, pero es la única forma de avanzar. Los objetivos no se alcanzan solo con el querer; son el resultado del hacer.

EL PUENTE

PREGUNTAS

1. ¿CÓMO Y CUÁNDO VOY A EVALUAR EL PROGRESO DE MI EJECUCIÓN? ¿QUÉ VOY A EVALUAR?

   _____
   _____
   _____

2. ¿CUÁNDO FUE LA ÚLTIMA VEZ QUE EVALUÉ EL RESULTADO DE MI ESTRATEGIA?

   _____
   _____
   _____

3. ¿CÓMO LLEGUÉ HASTA AQUÍ? ¿ESTOY DONDE QUIERO ESTAR?

   _____
   _____

4. ¿A QUIÉN LE PUEDO RENDIR CUENTAS DE MI EVALUACIÓN?

   _____
   _____

5. ¿QUÉ PUEDO AJUSTAR PARA MIS PASOS HACIA MIS SUEÑOS MEJORAR?

   _____
   _____

EL DOLOR DEL CAMINO

"Quien sabe de dolor, todo lo sabe".
— **DANTE ALIGHIERI**

Cuando se piensa en estrategia hay que considerar que el dolor nos va a visitar y que será parte de nuestro caminar. Solo porque el pasado fue doloroso no quiere decir que el futuro no pueda ser glorioso. El dolor es una señal de que sigues vivo, de que aún estás en el camino. Solo quien dejó de vivir dejó de sufrir.

Al puente esperado no se llega sin haber caminado. Es difícil caminar cuando puedes imaginar el final, pero tienes que esperar para llegar; todo aquello que vale la pena alcanzar requiere tiempo. Todo gran logro y toda gran historia llegan con el tiempo; cada momento del camino te acerca o te aleja de tu destino.

La vida no es un suceso, es un proceso. Las metas no se alcanzan en un instante; se alcanzan por ser constante. En ese caminar habrá momentos de dolor. El dolor es parte del crecimiento, el dolor es parte de la vida. Rendirse porque duele es la peor equivocación que cometemos y cuando lo hacemos, nunca volaremos. El caminar, el respirar y el esperar son aliados para llegar a nuestro destino.

El camino es largo, toma tiempo, requiere valentía. Hay momentos de estancamiento que duelen, pero los días continúan y así también la vida. El estancamiento no es definitivo a menos que tú lo decidas. Sí duele, sí es difícil, pero sí vale la pena seguir; *el dolor del camino no es nada comparado al dolor de rendirse.*

El dolor de fracasar nunca será tan grande como el remordimiento de no empezar. La satisfacción es el resultado de superar el dolor. Solo porque no puedes ver el final, no quiere decir que no puedes llegar al final.

Lo que hace a un ganador es caminar a pesar del dolor. Un soldado puede sentir temor, pero no puede permitir que el temor paralice sus pasos, porque la guerra depende

EL DOLOR DEL CAMINO

de él. La guerra por tu futuro está en tus pasos; *el temor puede hacerte pensar, pero nunca debe hacerte parar.* Tu destino es demasiado importante como para quedarte en medio del camino.

Continúa tu caminar sin importar lo que debas enfrentar; no podemos decidir el enemigo a enfrentar, pero podemos decidir cómo lo vamos a confrontar. Que en tus pasos esté la sabiduría para llegar al siguiente día.

El dolor es parte de la vida; llegará a ti en tu camino o mientras estés detenido. Personalmente prefiero estar en movimiento; tengo el sentimiento de que puedo vencer lo que siento. *Toda gran cima requiere tiempo para llegar y fuerza para escalar.* Prefiero intentar y sangrar que parar y llorar. Aunque pueda lágrimas derramar, estas nunca me detendrán del destino al cual quiero llegar. Así como la lluvia limpia nuestro mundo, nuestras lágrimas limpian nuestra alma, y tan solo después de que las lágrimas se han ido, descubrimos qué tan fuertes somos.

La única razón por la que te está doliendo es porque aún tienes aliento. Que al mirar atrás en tu vida no sea el remordimiento tu compañía. Sé que avanzar puede ser doloroso, pero el remordimiento consumirá todo tu gozo.

EL PUENTE

Recuerdo claramente la conversación que sostuve con mi conductora de Uber el sábado 16 de noviembre del 2019. Había salido de la conferencia de Mosaic en Los Ángeles y estaba de regreso al hotel. Ella me comentó lo difícil que se había puesto su caminar. Por alguna razón tuvo que adoptar a los hijos de su hermana, y había terminado recientemente con su pareja, así que ahora tenía que pagar sola todas las cuentas, y la estaba pasando muy difícil.

De repente, cuando ya tenía que bajarme, me encontré diciéndole estas palabras: "Todo va a pasar y los días van a mejorar; el dolor también le añade belleza a nuestra historia". Y aunque muchas veces cuando paso por momentos difíciles me cuesta tener esta perspectiva, me he dado cuenta de que la noche también le añade belleza al paisaje; no siempre es de día, pero la oscuridad de la noche no puede impedir la luz de la mañana.

LA VIDA QUE ESPERAS ESTÁ AL OTRO LADO DE LO QUE SUPERAS.

El caerse no es final, a menos que no te vuelvas a levantar, pero mientras te puedas levantar podrás caminar. La luz de la esperanza brillará sobre tu valentía cada día. Que tu esperanza nunca deje de brillar para que así el mundo puedas iluminar.

El dolor es parte de viajar, es parte del respirar y, sobre todo, es parte importante de crecer. Por eso tenemos que aprender a vivir con él. Quien supera el dolor supera los límites que tenemos en el interior. *Es mejor mirar al futuro con esperanza que al pasado con añoranza. La vida que esperas está al otro lado de lo que superas.*

Utiliza los momentos de espera para prepararte, porque *mientras más alta es la cima más empinada es la subida*. Un día me encontraba con Sam Chand en las montañas de Ecuador, y me preguntó si podría grabar un vídeo de él para su programa de liderazgo titulado "Martes con Sam Chand". Cuando empecé a filmar, él empezó a enseñar. Después de saludar, él explicó a su audiencia dónde se encontraba, y empezó a comentarles que era más difícil respirar en esa altura, y de momento dijo estas palabras: "Siempre hay menos oxígeno en la cima".

Luego habló sobre el tema explicando cómo algunas veces creemos que cuando lleguemos arriba las cosas serán más fáciles, sin darnos cuenta de que al llegar se nos hace más difícil respirar. Cuando llegas a la cima hay menos espacio para moverse, el margen de error que se puede cometer se reduce, porque en cualquier momento te podrías resbalar y caer. Y el dolor de la caída en mucho depende de la altura de la que te caigas.

La aventura de la vida está en sus detalles buenos o malos. Cada mañana soleada o nublada es una nueva oportunidad para volver a soñar y para volver a caminar. Con esto no quiero decir que busquemos momentos de dolor, ni tampoco quiero minimizar lo que te hace sufrir. Lo que quiero decir es que, al mirar atrás, desde el otro lado del puente te darás cuenta de que la belleza de tu historia está en lo que superaste. Las historias, películas, novelas que más nos cautivan no son aquellas en las cuales todo es fácil, sino aquellas en las cuales los personajes superan momentos de irremediable dolor.

Tu futuro merece tu espera, tu futuro vale la pena el dolor, porque en el mañana encontrarás algo mejor. La vida se acaba cuando al cerrar tus ojos ya no imaginas nada. Que la esperanza de un mejor mañana te acompañe todo el viaje.

El mañana va a llegar, no a todos por igual, pero eso está bien porque cada puente es individual. Nadie cruza el mismo puente.

Esperar nos puede desesperar, pero es en el esperar donde aprendemos lo que necesitamos para cruzar el puente. El camino es largo y tomará tiempo. Disfruta cada paso sin importar cuán lejos o cerca estés de tu destino. Quizás al final nos demos cuenta de que el viaje es tan importante como el destino.

Hace unos años atrás me encontraba leyendo un libro de Benny Pérez que se titula *More* (Más),[29] y en sus páginas encontré este poema que trajo calidez a mi alma, el cual me gustaría compartir con ustedes.

HUELLAS

Una noche tuve un sueño.
Soñé que caminaba por la playa con mi Señor.
En el oscuro cielo se proyectaban
escenas de mi vida.
En cada escena, notaba dos pares de huellas
en la arena: unas mías y otras de mi Señor.

---

29. Authentic Publishers (15 de enero de 2013).

EL PUENTE

Cuando la última escena pasó delante nuestro,
miré hacia atrás, hacia las pisadas en la arena,
y había un solo par de huellas en la arena.
Me di cuenta de que esto fue en los tiempos
más tristes y difíciles de mi vida.
Eso me molestó y pregunté mi dilema al Señor:
"Tú me dijiste, cuando resolví seguirte, que
andarías conmigo y me hablarías todo el camino.
Pero veo que durante los peores tiempos de
mi vida hay solo un par de huellas en la arena.
No comprendo por qué me abandonaste en
los momentos cuando más te necesitaba".
Él, clavando en mí su infinita
mirada, me dijo en un susurro:
"Mi hijo querido, yo te he amado y jamás
te he abandonado durante tus pruebas y
tribulaciones, ni en los momentos más difíciles.
Donde viste en la arena solo un par de huellas
fue justamente allí cuando en
mis brazos te cargaba".

— MARGARET FISHBACK POWERS

La verdad es que nunca estamos solos. Estoy convencido de que *nuestro Creador siempre está con nosotros*. Puede

EL DOLOR DEL CAMINO

ser que no siempre lo sintamos en el momento, pero al mirar atrás podemos ver su mano en nosotros y por nosotros. Es ahí cuando podemos darnos cuenta de que nunca estuvimos solos.

Cuando estés perdido en los caminos de la vida, y los bosques no te permitan encontrar la salida, mira hacia arriba; las estrellas también sirven de guías. No importa cuán oscura esté tu vida, siempre habrá luz en el cielo; sea el sol, sea la luna o las estrellas, y detrás de ellas descubriremos que es Dios dándonos dirección.

En mi vida han existido muchos momentos de dolor, de pensar que quizás ese era el fin, pero al mirar atrás me doy cuenta de que lo que alguna vez pensé que era final, simplemente era Dios guiándome a un nuevo comienzo.

EL PUENTE

1. ¿SOY CONSCIENTE DE QUE EL DOLOR ES PARTE IMPORTANTE DE ALCANZAR MIS METAS?

2. ¿HE PENSADO ALGUNA VEZ EN RENDIRME, POR EL DOLOR QUE HE ENCONTRADO EN EL CAMINO? ¿CÓMO HA CAMBIADO EL DOLOR MI PERSPECTIVA?

3. ¿HE REDUCIDO EL TAMAÑO DE MIS SUEÑOS POR EL DOLOR?

4. ¿ESTOY DISPUESTO A CAMINAR A PESAR DEL DOLOR?

5. ¿QUÉ ESTRATEGIAS PUEDO DESARROLLAR PARA SUPERAR EL DOLOR, Y CRUZAR EL PUENTE SABIENDO QUE EL DOLOR DE NO INTENTAR ES MAYOR QUE EL DOLOR DE CAMINAR?

10

CRECIMIENTO

"Tenemos que luchar contra la tentación de conformarnos con menos".

— **ERWIN RAPHAEL MCMANUS**

Mientras más puedas crecer, más batallas podrás vencer. No solo tengas metas en la vida, ten metas de vida; suena igual, pero no es lo mismo. El crecimiento debe ser una meta de vida para todos aquellos que buscan conquistar sus sueños. El resultado natural del paso del tiempo es el envejecimiento, mas no necesariamente el crecimiento.

El envejecimiento tan solo necesita el paso del tiempo, pero el crecimiento requiere aprovechar cada momento. El tiempo nos pasa a todos por igual, mas no todos somos iguales con el pasar del tiempo.

EL PUENTE

El crecimiento es una decisión, una decisión que se debe tomar todos los días. *El crecimiento es el resultado de la consistencia.* No se puede crecer en un día, pero hay que aprender todos los días. *No puedes crecer en el exterior hasta que no hayas crecido en el interior.*

Crecer es ampliar el horizonte. Podrás ver más allá de ese norte y encontrarás más puentes que cruzar, y más paisajes que admirar. Cuando tú creces, tu mundo crece, tu equipo crece y todo lo que haces permanece. El crecimiento evita el estancamiento. Una vida dedicada al crecimiento es una vida que va en aumento. El crecimiento es una elección que debe ser tomada con todo el corazón. *Cuánto crecer siempre será tu elección.*

Creo que todos estamos de acuerdo en que crecer nos ayuda a florecer, y aún más que eso, nos puede guiar a nuevas alturas a las cuales volar y a tener nuevos horizontes por explorar. Así podremos escalar nuevas montañas, pero sobre todas las cosas, encontraremos más puentes para cruzar y nuevas metas para alcanzar.

Pero, si sabemos que crecer es importante para obtener mayores logros, ¿por qué no siempre buscamos crecer?

CRECIMIENTO

EL SER HUMANO TIENE UNA CAPACIDAD INFINITA DE CRECER

Hace un par de semanas Lucas se encontraba jugando en la calle con otros niños del vecindario. Mientras veíamos a los niños jugar a las escondidas, entablé una amigable conversación con el papá de uno de ellos. De repente me vi sumergido en una interesante conversación acerca del cerebro, pues resulta que es un profesor universitario y había firmado un contrato con una de las editoriales más conocidas del mundo en su campo. El manuscrito que debe entregar es de más de 600 páginas.

Mientras a él le interesó que yo trabajo en el campo editorial y que le aconsejara en la parte contractual, a mí me interesó el tema sobre el cual estaba escribiendo. Su tema es sobre todas las imágenes a través de las cuales se puede ver el cerebro y su funcionamiento. Empezamos a conversar sobre los diferentes tipos de inteligencia y él me dijo cómo en mucho tiene que ver la genética.

Luego me dijo que de acuerdo con qué parte del cerebro se utiliza, uno puede ser más dado a las matemáticas o al Derecho porque, en general, conocemos la inteligencia lógica y la inteligencia creativa. El cerebro es tan poderoso que en todo momento podemos extender nuestra manera de pensar y lograr convertir una inteligencia en otra o expresar ambas. Las personas esencialmente lógicas pueden ser creativas y las personas creativas pueden desarrollar inteligencia lógica. Toma esfuerzo, tiempo y estrategias, pero es posible.

También me dijo (hablando de Lucas) que lo mejor para que un niño aprenda otro idioma es hasta la edad de 14 años. Prosiguió explicando que hasta esa edad las dendritas, que son las ramificaciones que conectan las neuronas, se establecen, y que después de eso es muy difícil (aunque no imposible) que se desconecten y cambien la manera de pensar. Entonces le pregunté si en algún momento es demasiado tarde para que el cerebro aprenda cosas nuevas, a lo cual me respondió: "Nunca es tarde, puede ser más difícil, pero no tarde". Así que sin importar tu edad, siempre puedes incrementar tu capacidad de crecer.

Esto lo confirma Carol Dweck, una psicóloga e investigadora de la Universidad de Stanford, quien se describe a sí misma de la siguiente manera: "Mi trabajo es el puente entre la psicología de desarrollo, la psicología social y analizar las auto concepciones o la mentalidad que cada persona se forma". [30]

En su libro *Mindset*,[31] desarrolló el concepto de que existen dos tipos de mentalidad, la mentalidad de crecimiento y la mentalidad fija. Luego de mucha investigación, descubrió que las personas más exitosas son aquellas que tienen una mentalidad de crecimiento. Ella lo describe de esta manera:

> En una mentalidad fija los estudiantes piensan que sus habilidades básicas, su inteligencia, y sus talentos son fijos; que se tiene una cierta cantidad de estos y eso es todo, entonces su meta es verse listos todo el tiempo y nunca quedar mal. En una mentalidad de crecimiento, los estudiantes entienden que sus talentos y habilidades pueden desarrollarse a través del esfuerzo constante, buenas enseñanzas y persistencia. No necesariamente piensan que todos somos iguales o que cualquier persona puede ser Einstein, simplemente piensan que cualquier persona

---

30. Consulta en línea: https://www.ted.com/speakers/carol_dweck
31. *Mindset*, Carol Dweck, Ballantine Books, 2007. Cita es traducción libre del autor.

EL PUENTE

puede ser más inteligente si se dedica a trabajar en ello.[32]

A las personas que tienen una mentalidad de crecimiento no les importa quedar mal o fracasar, porque saben que los mismos son parte de crecer. Se siguen desarrollando y siguen luchando; nunca paran de intentar sin importar cuántas veces puedan fracasar.

Este es el tipo de mentalidad que creo que cada uno de nosotros debería practicar. Yo creo que una persona es limitada en talentos y habilidades naturales, pero es ilimitada en su capacidad de crecer y sus sueños extender, porque cuando intentas navegar por nuevos mares encontrarás nuevos lugares que traen consigo nuevas tierras por conquistar y nuevas personas por conocer. Al final, el crecimiento constante te llevará a una vida gratificante. El cielo nunca será el límite para todos aquellos que buscan alcanzar las estrellas.

---

32. Consulta en línea: https://jamesclear.com/fixed-mindset-vs-growth-mindset

CRECIMIENTO

TRES COSAS QUE PROMUEVEN EL CRECIMIENTO

Siempre se puede crecer y nunca será demasiado tarde para aprender algo nuevo. Hay tres cosas que me han ayudado mucho a crecer: la curiosidad, la capacidad de extrapolar y la consciencia experiencial. A continuación, hablaré un poco más de estas tres.

La curiosidad le abre paso a la oportunidad. Un niño está lleno de curiosidad; por eso no podemos sorprendernos por la velocidad de su crecimiento. Siempre quieren saber "por qué" y no lo hacen con ganas de molestar. Lo hacen con sinceridad, esas ganas sinceras de aprender les expande las fronteras del saber.

Uno de los mayores enemigos del crecimiento es que con el pasar del tiempo, dejamos de preguntarnos el porqué de las cosas. Ahora solo aceptamos todo sin preguntarnos el porqué, y en verdad somos nosotros mismos quienes limitamos constantemente la curiosidad cuando decimos cosas como "no seas tan curioso" o "deja de curiosear y ponte a trabajar". *Cuando limitamos la curiosidad, limitamos la oportunidad.* Extinguir nuestra curiosidad es cortar las alas a nuestra libertad de explorar, de buscar, y de avanzar.

EL PUENTE

Aprendí de mi amigo y coach Héctor Teme[33] una verdad que no he olvidado desde que me la dijo: "La respuesta cierra, la pregunta abre". Aprendí con él también que la respuesta simplemente es el resultado de dejar de preguntar. Ahora bien, el verdadero problema es que generalmente nuestra curiosidad no es para crecer, sino para conocer, pero no para conocer cosas que nos pueden ayudar, sino conocer los secretos de alguien más.

Debemos dirigir la curiosidad hacia aquello que nos hace crecer. La curiosidad le da paso al descubrimiento. Todo lo que el hombre inventa es el resultado de su curiosidad, de buscar el porqué de algo y luego darle forma a lo que descubrimos para así poder compartirlo.

LA CURIOSIDAD LE DA PASO AL CRECIMIENTO

En el año 2012 mi amiga Carolina se fue a estudiar en el Basque Culinary Center en San Sebastián, España.[34] Ya para ese tiempo era una chef increíble. Durante ese

---

33. Fundador de METODOCC, autor de *Lo que los exitosos piensan* (2020) y *Punto de partida* (2019), Whitaker House.
34. Basque Culinary Center (bculinary.com) es una institución académica pionera a nivel mundial. Son miembros de su Patronato siete de los mejores chefs vascos, empresas líderes en el sector de alimentación y bebidas y AZTI, con un Consejo Internacional integrado por once de los chefs más influyentes del mundo.

CRECIMIENTO

tiempo conoció a Iñaki, su novio, quien es también su socio. Cinco años después de haber terminado su maestría abrieron su propio restaurante llamado "Ikaro",[35] en Logroño.

El concepto de su restaurante es una fusión de cocina ecuatoriana y cocina del país vasco (lugar de donde proviene Iñaki) y de La Rioja, que es el lugar donde está ubicado el restaurante. Cuando le pregunté a Carolina cómo llegaron a ese estilo de cocina me contestó que querían demostrar sus orígenes en sus platos para que su personalidad estuviera presente.

Ellos se especializan en alta cocina donde destacan técnicas modernas que aprendieron cuando se conocieron, al mismo tiempo usando técnicas tradicionales que les gustan y respetan.

Lo que lleva a dos personas de dos lugares completamente diferentes a probar una mezcla de lo que cada uno conoce con lo que cada uno desconoce es la curiosidad. La única manera de despertar un mundo lleno de posibilidad es a través de la curiosidad. Para llegar a un plato que va a ser final en su menú, ellos intentan las

---

35. Más información en https://www.restauranteikaro.com/.

mezclas de sabores muchas veces. Como dice Carolina, "intentamos cinco veces o incluso más para llegar a un plato que consideramos final".

La curiosidad de explorar un estilo de cocina que no existía hizo que en el año 2018 ganaran la prestigiosa estrella Michelin que se entrega a los restaurantes por su excelencia en tres diferentes categorías. La recibieron justamente por haber creado un concepto diferente, y lo mejor de todo esto es que ellos ni se lo esperaban y mucho menos a tan poco tiempo de haber abierto el restaurante. Apenas tenían un año y medio desde la inauguración y es muy extraño que se otorgue una estrella Michelin a un restaurante tan nuevo, a menos que sea de algún chef reconocido.

Pregunté a Carolina hacia dónde van en un futuro, por el reto de sobrepasar la barra de una estrella Michelin. Su respuesta me sorprendió porque puedo sentir la grandeza de sus sueños y la pasión con la que los persiguen. Me dijo lo siguiente: "A raíz de la estrella han surgido varios proyectos. Hemos abierto un nuevo restaurante en Logroño y tenemos la idea de abrir algo en Ecuador, lo cual sería mi sueño. Somos personas inquietas (curiosas) que nos gusta seguir creciendo profesionalmente,

CRECIMIENTO

pero sin duda no descuidaremos *Ikaro*, que nos ha llevado a donde estamos hoy".

No he tenido la oportunidad de probar aún la grandeza de su comida, pero al escribir esta historia he sentido la grandeza de su corazón. Son personas cuya curiosidad les abrió las puertas a lugares que antes no podían imaginar. Esto es lo que la curiosidad puede hacer por ti. Prometo que tan pronto pueda iré a probar su comida, siento que lo que hacen ahí no es solo comida, es arte, es vida. Si en algún momento estás en la región, debes visitar ese lugar. Estoy seguro de que su comida te invitará a soñar a ti también.

Date la oportunidad de que la curiosidad guíe tu caminar; es en ese camino donde podrás crecer, aprender y permanecer. La curiosidad es como un latido del corazón que te lleva a buscar una razón, y esa razón ayuda a tu expansión. Muchas veces el propósito se puede descubrir a través de la curiosidad. Creo firmemente que la curiosidad es tu destino llamando a tu corazón, y es una llamada que debes contestar para así poder progresar.

Busca cultivar siempre una estrecha amistad con tu curiosidad, pues te llevará por una vida llena de aventuras inesperadas que siempre podrán ser disfrutadas. Permite que la aventura guíe tus pasos; mientras más te aventures por el mundo, sus lugares, sus saberes y sus sabores, más despertarás tu curiosidad, y cuando se levante, levantará también tu vida.

LA CAPACIDAD DE EXTRAPOLAR EXPANDE EL CRECIMIENTO

Algo que disfruto mucho es la extrapolación, la cual no es más que aprender principios de una industria diferente y aplicarlas a la tuya. Miyamoto Musashi decía: "De una sola cosa puedes conocer diez mil cosas", y en su libro luego repite lo siguiente: "Para conocer diez mil cosas, conoce una sola cosa bien".

Hay muchos patrones que se repiten en todas las profesiones. Lo he mencionado antes: es lo que aprendes de manera diferente lo que te hace diferente, busca aprender siempre y en todo momento. Nunca llegamos a un lugar donde ya lo hayamos aprendido todo, y si crees haber llegado a un lugar donde ya conoces todo de tu profesión, empieza a preguntar cómo funcionan las cosas en otras profesiones. Así aprenderás cosas que nadie aprende y podrás hacer lo que nadie hace.

CRECIMIENTO

Cada día al caminar, al observar y al preguntar puedes incrementar tu capacidad. No solo se aprende de complicadas teorías; también se puede aprender de los simples pasos que hay en cada día. Pregúntate siempre: ¿Cómo puedo utilizar esto que aprendí aquí? ¿Hay algo de esta profesión o proceso que pueda utilizar en mi carrera?

Hace unas pocas semanas tuve la oportunidad de ir a Xochimilco en la Ciudad de México. En el año de 1987, Xochimilco fue declarado por la UNESCO como Patrimonio Cultural de la Humanidad. Fue una aventura maravillosa con un grupo de amigos entrañables; recorríamos aquellos canales en una colorida y divertida trajinera.

Me habían comentado que remar en ese lugar es muy difícil, y en un momento del paseo me acerqué al joven que remaba y le pregunté sobre cómo remar en ese lugar. Me indicó cómo debe entrar el remo en el agua, desde qué ángulo, y cómo se debe impulsar al tocar el piso del canal. Luego me enseñó cómo virar y cómo avanzar.

De repente, en medio de la conversación, me dijo lo siguiente: "Una vez que aprendes la teoría, entonces puedes desarrollar tus propias técnicas". Sin saberlo, ese joven me estaba dando una lección de vida que se puede aplicar a cualquier campo: *Antes de desarrollar tus propias técnicas, debes aprender la teoría.*

Mucho de mi crecimiento ha venido de aprender procesos de otras industrias y aplicarlas a la mía, y muchas veces son descubrimientos asombrosos. *La extrapolación es conectar los puntos entre lo que observas en algún lugar y lo que haces en tu lugar.*

Un ejemplo de esto es el principio de balance que rige la arquitectura interior en el área de diseño. Un diseño perfecto incluye los conceptos de armonía, espacio, escala, proporción, transición, énfasis y repetición, todo enmarcado en el balance de materiales, texturas, colores y saturación. El principio para llegar a la perfección o éxito de un diseño es el balance.

Así mismo, en la administración de los negocios rige el principio de balance.

Los expertos en finanzas y los empresarios hacen un análisis de beneficios donde los siguientes elementos deben crear un balance para tener éxito: análisis y proporción de riesgos, costo de productos o servicios, precios, salarios y otros; debe haber balance entre inversión y ganancias, y todos los favores involucrados.

LA CONSCIENCIA EXPERIENCIAL AUMENTA LA SABIDURÍA

La tercera cosa que nos hace crecer es la consciencia experiencial. Todos experimentamos el mundo de manera diferente y todos tenemos diferentes experiencias en el mundo, pero aprender a consciencia de la experiencia es un proceso intencional. No solo se aprende de la experiencia; *es necesario analizar la experiencia para poder extraer de ella el aprendizaje*. Mi recomendación es tener un diario de experiencias y aprendizajes donde cada vez que aprendes algo lo puedas escribir, lo puedas estudiar y así nuevas alturas puedas encontrar. La experiencia es una gran maestra tan solo cuando te enseña cómo luchar nuevas batallas, cómo surcar nuevos cielos o cómo cruzar el puente hacia tus sueños.

En su libro *Mind Gym* (Gimnasio de la mente),[36] Gary Mack y David Casstevens nos presentan la idea de aprender como uno de los requisitos analizados por investigadores de Harvard con respecto a tener una vida

---
36. *Mind Gym: An Athlete's Guide to Inner Excellence*. Mc Graw Hill Education, 2002. Segmento citado es traducción libre del autor.

exitosa. Esto es algo que ellos mencionan que va de la mano con aprender de la experiencia:

> Los jóvenes a menudo rebosan de talento natural como una constitución fuerte o un físico más atlético. Sin embargo, mientras crecemos, estos poderes naturales comienzan a desvanecerse. En las personas más exitosas, este cuerpo desvanecido es reemplazado por una mente más fortalecida. Al aprender de todas sus experiencias, tanto de sus errores como de sus éxitos, las personas mayores están posicionadas para aprender los consejos que les permiten mantenerse siendo exitosos.

Si bien la experiencia en tiempo de vida aumenta con los años, no necesariamente la sabiduría de vida aumenta con los años. Sin importar cuánta experiencia tienes, si es mucha o si es poca, reflexiona sobre tu vida, destila todo el oro que hay en tus días, aprende de tus errores y crecerás y solo entonces triunfarás. Existe un dicho popular que dice, "si el joven supiera y el viejo pudiera". *No necesitas ser viejo para aprender de tu experiencia; a cualquier edad se puede crecer.*

CRECIMIENTO

Cuando estaba en la escuela, mi maestra me enseñó que el ciclo de la vida es nacer, crecer, reproducirse y morir. Sin crecer, no te puedes reproducir, entonces ¿en qué ciclo de la vida estás? Dejaré que tú te respondas esa pregunta.

SÉ UN APRENDIZ CONSTANTE Y NO SOLO DE UN INSTANTE

En quien te conviertes depende de aquello en lo que inviertes. Tus logros y tus metas nunca serán más importantes que tú. No sirve de nada alcanzar tus metas, cruzar el puente a los resultados que buscas si no has crecido en tu interior. Lo más importante de una persona no son pertenencias; es su permanencia. *Lo único que en verdad tienes es aquello que no puedes* perder.

Alcanzar metas es importante, nos ayuda a tener una vida plena, pero lo que te define no es lo que haces, sino quién eres. Puedes renunciar a lo que haces, pero no puedes renunciar a quién eres. Todos tus logros se pueden desvanecer, pero quien tú eres siempre va a permanecer.

El cambio es la constante en la vida. Hoy tienes y mañana no, el mundo da vueltas, pero quién eres se quedará contigo a pesar de que los tiempos cambien. Si vas a establecer metas para tu vida, mi mayor consejo es que seas un aprendiz constante y no solo de un instante.

El futuro se crea por aquellos que están en constante aprendizaje, porque hoy saben algo que ayer no sabían, y más allá de eso saben cosas que nadie más sabe. *El saber y el crecer siempre ayudan al hacer.*

El aprendizaje continuo es el camino más corto a tu lugar de destino. Mi amigo, el Dr. Dale Bronner, me enseñó el siguiente principio: "No te pagan el valor de la hora, te pagan por el valor que tú le agregas a la hora". Para agregarle valor a la hora tienes que aprender y crecer.

Aprender te ayuda a emprender, lo cual te permite correr. El problema de muchos es que queremos hacer las cosas al revés: preferimos correr, para luego emprender y finalmente aprender. Pero cuando haces las cosas de esa manera el costo del aprendizaje será muy alto. El aprendizaje siempre amplía el paisaje. Quienes creen que no tienen tiempo para aprender se pierden de todos los beneficios del saber.

Tu habilidad para ver el futuro no debería estar basada en tu capacidad de recordar el pasado, sino en tu

CRECIMIENTO

capacidad de abrazar el presente, porque cuando tú creces, tu capacidad y tu habilidad crecerán contigo. *El crecimiento constante te ayuda a vivir una vida desafiante;* una vida que desafía los límites de la posibilidad y los vuelve realidad. Crecer, aprender, entender son pasos para ser todo aquello que quieres ser. Una de las grandes cualidades del crecimiento es que solo tiene estancamiento si nosotros nos detenemos en el intento.

Crecer es tan imperativo en la vida que incluso Pablo, el discípulo que escribió dos terceras partes del Nuevo Testamento, nos reta con sus palabras a crecer hasta la estatura del hombre perfecto que es Jesús, y su meta personal era seguir hacia adelante hasta alcanzar lo supremo.

Para mí crecer es tan importante como alcanzar. *Si te dedicas a crecer, no hay nada que no puedas alcanzar, destino al cual no puedas volar y puente que no puedas cruzar.* El crecimiento nos acerca al momento, al lugar que todos quieren llegar, pero pocos lo pueden lograr. En ese lugar hay más belleza de la que puedes imaginar; es un lugar donde los horizontes se expanden, los sueños se cumplen y los puentes se cruzan. *El paraíso está al otro lado del compromiso.*

EL PUENTE

Tu grandeza está limitada tan solo por tu decisión de crecer. Si no estás creciendo, estás decreciendo. En un mundo que avanza constantemente no puedes permanecer igual. Para enfrentar los grandes puentes que en el mañana cruzaré, creceré.

CRECER TE DA LAS ARMAS PARA VENCER

Una de las facultades más importantes del crecimiento es que dispersa el temor. El crecer espanta al temer; mientras más creces menos temes. Es como cuando estudias para un examen, para una presentación, cuando te has preparado para una audición, o estás listo con tu canción; no tienes miedo de la presentación, puedes tener nervios, mas nunca temor. Siempre me siento nervioso antes de cada presentación, de cada escrito que presento. Creo que los nervios son señal de que aún quiero crecer y de que lo que voy a presentar es importante.

El gran samurái Miyamoto Musashi que he mencionado anteriormente escribe lo siguiente:

> En esta época en Japón todo guerrero lleva consigo dos espadas, katana (espada larga) y wakizashi (espada corta), las sepan utilizar o no. Por eso

describo mi escuela como la escuela de las dos espadas. En mi escuela un principiante aprende cómo manejar la espada grande (katana) y la espada corta (wakizashi) al mismo tiempo, porque si vas a morir en la batalla es deseable utilizar todas las armas que tienes a tu disposición, ya que sería deplorable fallecer con armas que se quedaron en su saya sin haber tenido la capacidad de utilizarlas.

La batalla por tus metas, sueños, anhelos y deseos requerirá todo de ti. Crecer te da las armas que necesitas para vencer y así ganar la batalla por todo aquello que quema en tu corazón, y te da la habilidad que necesita la razón; este es el momento de desenvainar todo tu armamento y luchar por alcanzar el firmamento.

Si vas a luchar por tus sueños, lucha con todas las armas que están a tu disposición; que si vamos a morir en el camino sea utilizando cada arma que durante el mismo recogimos. *Luchemos por lo que queremos con todo lo que tenemos.* Al final del día, el honor de un guerrero no está en ganar o perder, sino en darlo todo en la batalla que decide luchar. Para la batalla de la vida ganar, tu mente debes ampliar y tu habilidad debes multiplicar.

El crecimiento es el fortalecimiento del conocimiento. Mientras más creces, más puentes podrás cruzar y no habrá límites a todo lo que podrás alcanzar. Aquellas personas que amas y que te aman, se merecen que luches por tu futuro con todo tu ser, con cada arma a tu disposición y con todo tu corazón, porque la batalla de la vida es difícil, pero aquellos que se dedican a crecer van a trascender.

En 1968 John Stephen Akhwari[37] fue a las Olimpiadas en México. Mientras competía en la maratón que se llevaba a cabo en Ciudad de México, a la altura del kilómetro 19 de la carrera sufrió una caída. Se lastimó la rodilla, se dislocó la cadera, y su hombro se había golpeado fuertemente contra el pavimento.

Sin embargo, se levantó y continuó corriendo y llegó en último lugar, cuando ya quedaban tan solo unos pocos miles de personas en el estadio. El sol ya se había puesto.

---

37. Consulta en línea, https://www.olympic.org/news/marathon-man-akhwari-demonstrates-superhuman-spirit.

CRECIMIENTO

Un grupo de periodistas que habían sido enviados para la ceremonia de premiación se enteraron de que aún faltaba un corredor por llegar, y que ya se encontraba cerca de terminar. Cuando finalmente cruzó la meta, un pequeño grupo de personas lo animaban. Cuando le entrevistaron, le preguntaron por qué continuó corriendo. Él dijo lo siguiente: "Mi país no me envió a cinco mil millas de distancia para empezar la carrera; me envió a cinco mil millas para terminar la carrera".

Estoy convencido de que tú fuiste creado por Dios y enviado por Dios a este mundo, no solo para empezar la carrera. Fuiste enviado para terminar la carrera. Tú tienes algo que este mundo necesita. Hay una luz dentro de ti que debe iluminar y vidas alcanzar. No te rindas cuando te hayas caído, no te rindas cuando seas lastimado. Puedes haber sido lastimado, pero aún no has sido derrotado. *Tan solo puedes rendirte cuando ya el puente hayas cruzado.*

La única manera de cruzar el puente que lleva a sueños cumplidos es cuando has crecido y te has convertido en la persona que lucha con todo lo que es por todo lo que anhela, y por todos aquellos a quienes ama y le aman.

EL PUENTE

Crecer es trascender, aprender es ampliar mis horizontes. Los sueños importantes se alcanzan con crecimiento constante. No hay límite a todo lo que puedes llegar a ser y hacer si tan solo te dedicas a crecer.

NO EXISTE FRONTERA QUE NO PUEDAS SOBREPASAR,
PUENTE QUE NO PUEDAS CRUZAR,
META QUE NO PUEDAS ALCANZAR,
BATALLA QUE NO PUEDAS GANAR,
SI TAN SOLO TE ATREVES A INTENTAR.

CRECIMIENTO

1. ¿QUÉ HÁBITOS DEBO ESTABLECER PARA NUNCA DEJAR DE CRECER?

2. ¿ACEPTO LA RESPONSABILIDAD DE CONTINUAR CRECIENDO UNA VEZ QUE CRUCE EL PUENTE HACIA MIS SUEÑOS?

3. ¿SOY LO SUFICIENTEMENTE CURIOSO COMO PARA SEGUIR CRECIENDO?

4. ¿QUÉ LECCIONES HE APRENDIDO ÚLTIMAMENTE Y CÓMO ME PUEDEN AYUDAR EN MI CAMINAR?

_____
_____
_____
_____
_____
_____

5. ¿ESTOY DISPUESTO A DAR MI VIDA POR MIS SUEÑOS?

_____
_____
_____
_____
_____
_____

HOJA DE ESTRATEGIA

1 ¿QUÉ QUIERO ALCANZAR?

2 ¿DÓNDE ESTOY CON RESPECTO A LO QUE QUIERO ALCANZAR?

3 ¿A QUIÉN NECESITO PARA LLEGAR?

4 ¿QUÉ IDEAS TENGO PARA LOGRARLO? ESCRIBE POR LO MENOS 5 IDEAS.

5 ¿CÓMO ME DEBO PREPARAR?

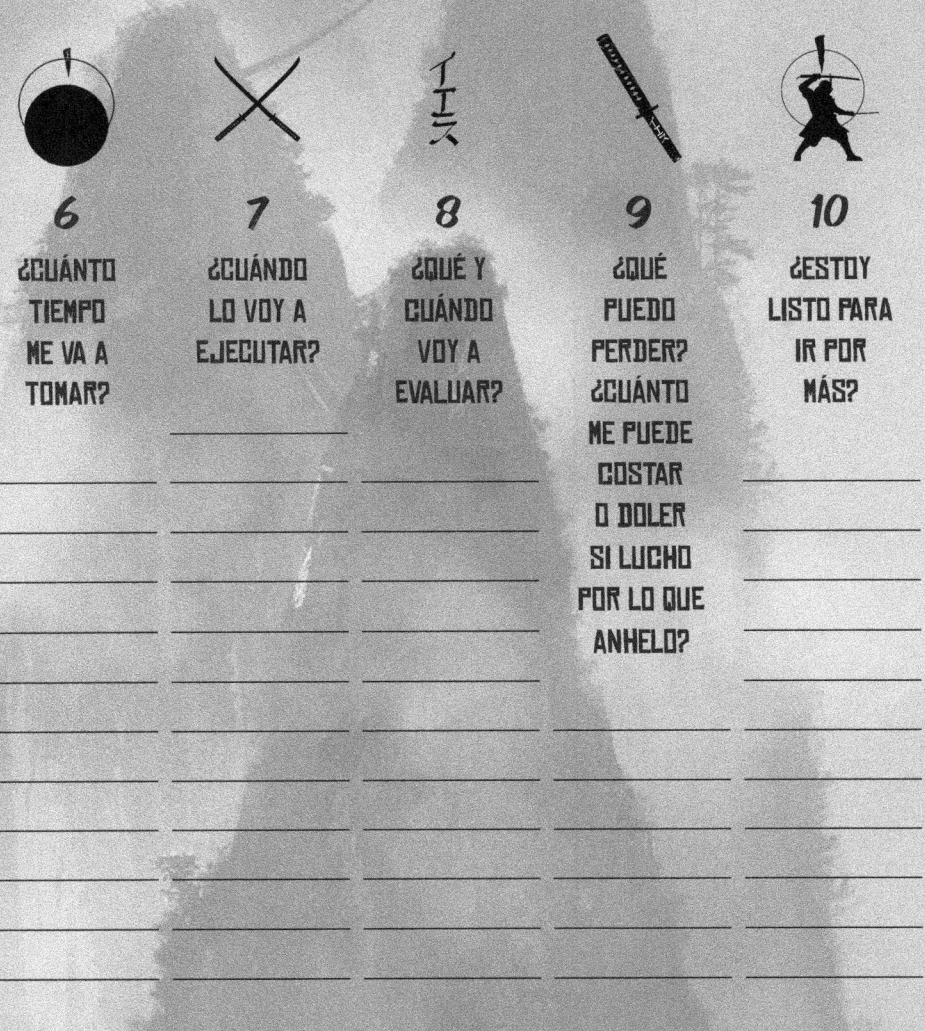

6
¿CUÁNTO TIEMPO ME VA A TOMAR?

7
¿CUÁNDO LO VOY A EJECUTAR?

8
¿QUÉ Y CUÁNDO VOY A EVALUAR?

9
¿QUÉ PUEDO PERDER? ¿CUÁNTO ME PUEDE COSTAR O DOLER SI LUCHO POR LO QUE ANHELO?

10
¿ESTOY LISTO PARA IR POR MÁS?

ACERCA DEL AUTOR

El doctor Xavier Cornejo, nacido en Cuenca, Ecuador, autor galardonado de *La historia dentro de ti*, premiado en las categorías de Mejor Primer Libro y Mejor Libro Inspiracional. Su visión introspectiva lo ha convertido en un ícono de la sabiduría editorial y en una figura influyente en la industria en español, y es un solicitado conferencista.

Es el Director de Whitaker House Español, donde ha trabajado con prominentes autores como Erwin McManus, Samuel R. Chand, Sixto Porras, José Luis Navajo, Otoniel y Omayra Font, Dale Bronner, Héctor y Laura Teme, Michael Hyatt y Tiago Brunet.

Doctor en jurisprudencia de la Universidad de Azuay, en Ecuador, ostenta dos diplomados del Tecnológico de Monterrey. Es Senior Coach de METODOCC, y está certificado en Storybrand. Fue director ejecutivo de Sam Chand Leadership Institute. Presidió Zoegraf, una firma editorial en Ecuador, donde trabajó con autores de la talla de Brian Houston y Edwin Louis Cole.

www.ingramcontent.com/pod-product-compliance
Lightning Source LLC
Chambersburg PA
CBHW050858240426
43673CB00009B/278